Leben im Hotel

Hotels sind Orte, an denen Wunder geschehen können. Hotels sind Schauplatz und Kulisse für menschliche Irrungen und Wirrungen, sind Zentrum für Schicksale und Träume. Hotels sind Verstecke für Liebende. Hotels sind Orte der Ruhe oder der Zerstreuung, sind Bühne für große Auftritte und letzte Worte. Hotels sind seit Langem auch ein beliebter Schauplatz in der Literatur. Spiegelt doch das Leben und Treiben in Hotels die große, weite Welt als Mikrokosmos wider. Hier kommen Menschen aus unterschiedlichen Gesellschaftsschichten zusammen, hier begegnen sich Gäste aus fast allen Ländern dieser Erde und aus ganz verschiedenen Berufen. Hier schließen sie Zufallsbekanntschaften mit Fremden, denen sie sonst wohl nie begegnet wären. Die Ereignisse hängen vom Zufall ab. Leben und leben lassen liegen Zimmerwand an Zimmerwand.

Angelika Zinzow (Fotografie) und **Ingrid Schick** (Texte) waren auf Spurensuche in ihrer Heimatstadt – vom Grand Hotel bis zum Backpacker Hostel, vom Designhotel bis zum inhabergeführten Traditionshaus – und trafen charismatische Menschen und Macher, hörten faszinierende Geschichten von Gästen und Gastgebern über ihre ganz persönlichen Erlebnisse und Lebens(t)räume im Hotel.

Zimmer, die eine ganz persönliche Geschichte erzählen, der Luxus eines Fünf-Sterne-Hauses oder der Charme einer Villa aus den 1950er Jahren? Frankfurter Hotels sind keineswegs nur Übernachtungsstätten, sondern bieten Reisenden und Geschäftsleuten ein individuelles Zuhause auf Zeit.

Frankfurter

Hotelgeplauder

Übernachten mit dem gewissen Etwas

Living at Home:
ankommen und sich wohlfühlen

Alte Bergmühle

Das Schöne am Landhausstil ist die ungezwungene Art, mit der Motive, Muster und Stile bunt gemixt werden.

Idylle in Fülle

Tafelfreuden im Feinschmecker-Restaurant Alte Bergmühle

DIE HEUTE SO PITTORESKE ALTE BERGMÜHLE BLICKT AUF EINE LANGE GESCHICHTE ZURÜCK. 1422 erstmals urkundlich erwähnt, erlebte die Mühle durch Kriege, Brände, Verfall und Wiederaufbau eine wechselvolle Geschichte. 1805 erblickte hier Philipp Holzmann, der Gründer des weltweit bekannten Bauunternehmens, das Licht der Welt. 1969 wurde die Alte Bergmühle unter Wahrung der alten Bauelemente umgebaut, und 1970 eröffnete eine Gaststätte dort, wo zuvor jahrhundertelang Getreide gemahlen wurde. Seit 1989 befindet sich die Mühle im Besitz der Familie Emmer, die das Mühlen-Ensemble stetig mit Engagement und Ideenreichtum erweitert hat. Im März 2009 feierte man das 20-jährige Bestehen des Feinschmecker-Restaurants. Der Stil des ganzen Hauses – Restaurant und Hotel – ist unverwechselbar. Gestaltet doch Angelika Emmer, die Dame des Hauses, mit viel Gespür für Formen und Farben, mit kreativem Ideenreichtum und weiblicher Inspiration jeden Raum und jedes Gästezimmer individuell im gehobenen Landhausstil. Ebenso einmalig: der Familienstammtisch, an dem Familie Emmer und ihre zahlreichen (Stamm-)Gäste bei einem guten Glas Wein gern zusammensitzen. Und so kommen viele Gäste nicht in die Alte Bergmühle, sondern „zu den Emmers". Klar, dass sie dann auch „ihr" angestammtes Hotelzimmer beziehen können. Und was die Stammgäste am liebsten frühstücken, das wissen die Emmers sowieso.

Das Detail macht's!

Freundinnen fürs Leben

Das Leben schreibt die originellsten Drehbücher. Seit 25 Jahren verbindet die Chansonnière und Schauspielerin Dunja Rajter und Angelika Emmer, Chefin der Alten Bergmühle, eine innige Freundschaft.

Und das kam so: Die Schlagersängerin lebt mit Sohn Danny und Lebensgefährten Michael in direkter Nachbarschaft der Alten Bergmühle. Der damalige Besitzer war ein nicht wirklich freundlicher Zeitgenosse, der auch immer wieder die spielenden Nachbarskinder vom restauranteigenen Parkplatz scheuchte, einem wahren Paradies für kleine Entdecker. Man ging sich also aus dem Weg. „Bis eines Tages mein Lebensgefährte nach Hause kommt und sagt, ‚der ist doch nett', und erzählt, dass ihn der Nachbar aus der Alten Bergmühle zu einem Kaffee eingeladen hat und die Kinder ungestört an Wasserlauf und Parkplatz der Alten Bergmühle spielen durften. Dunja Rajter, damals wie heute oft auf Tournee, kann das nicht glauben. „Ist der plötzlich von den Engeln geküsst?", fragt sich die rassige, temperamentvolle Sängerin.

DER BEGINN EINER WUNDERBAREN FREUNDSCHAFT

Die Neugier war geweckt, und der erste Besuch im Restaurant nebenan wird geplant. „Bei uns ist der Funke gleich übergesprungen", erinnert sich Angelika Emmer. Die Grundlage einer nun mehr als 20 Jahre währenden Freundschaft. „Egal ob ich in den Kriegsjahren Anfang der 1990er Jahre befreundete Flüchtlinge aufgenommen habe, Kleider- oder Lebensmittelsammlungen organisiert und durchgeführt habe – Gela war immer hilfsbereit und hat mich unterstützt, wo es nur möglich war. Das vergesse ich nie!"

ZU GAST BEI FREUNDEN

Mittlerweile sitzt Dunja Rajter nicht nur regelmäßig am Stammtisch der Familie Emmer, um mit den Freunden bei einem Glas Wein zu plaudern. Sie trifft hier Journalisten und Fernsehleute zu Interview oder Dreh oder ihren Steuerberater. Als 2005 ihr Zuhause renoviert wurde und sich die Bauarbeiten ungebührlich in die Länge zogen, zog sie in der Alten Bergmühle auch schon mal für mehrere Wochen ein. „Hier bin ich zu Gast bei Freunden, hier fühle ich mich wie in meinem eigenen Wohnzimmer." Nicht verwunderlich also, dass sie auch den Mentor ihrer Karriere, Fritz Rau, zur Lesung seines Buches in die Alte Bergmühle holte oder Eckart Witzigmann, einen der besten Köche der Welt, zu einem Kochduell mit den Emmer-Männern Joachim und Gregor.

FREUNDSCHAFT MIT FREIRÄUMEN

Ansonsten machen die beiden Freudinnen genau das, was Freundinnen zusammen unternehmen: „Früher haben wir uns oft über die Kinder ausgetauscht, auch mal Rat geholt. Außerdem hat Dunja immer die besten Arztadressen ... und ganz tolle Schnäppchen-Tipps." Den Plan, einmal gemeinsam Urlaub in Kroatien zu machen, konnten die beiden Geschäftsfrauen allerdings noch nicht verwirklichen. „Jede von uns hat so viel zu tun – und dann müssen wir die Männer ja auch noch koordinieren, ein schwieriges Unterfangen",

> ***Hier bin ich zu Gast bei Freunden, hier fühle ich mich wie in meinem eigenen Wohnzimmer.“***
> *Dunja Rajter*

erzählt Dunja Rajter. „Aber was nicht ist, muss unbedingt noch werden!" Dafür klappt es aber mit Theaterbesuchen umso besser. Egal ob Karl-May-Festspiele in Bad Segeberg oder Anatevka im Theater Trier – zu den Auftritten von Dunja Rajter lassen es sich Angelika und Joachim Emmer nicht nehmen, die Freundin zu besuchen. „Wenn ich Dunja dann auf der Bühne sehe, bin ich mächtig stolz auf meine Freundin. Toll, ihre vielen Facetten, und wie professionell sie in andere Rollen schlüpft und trotz großer Karriere so gar keine Starallüren hat. Dunja ist immer nett, freundlich und zuvorkommend." Hilfsbereitschaft, Offenheit, gemeinsame Interessen, aber auch die nötigen Freiräume ohne Vorwürfe oder spitze Anmerkungen wie „Du hast Dich aber lange nicht gemeldet" – das sind die Voraussetzungen für eine gute Freundschaft, darüber sind sich die beiden Power-Frauen einig.

Alte Bergmühle

Geißberg 25

63303 Dreieich-Dreieichenhain

T 06103 8 18 58

www.altebergmuehle.de

Auf Rosen gebettet:
Dunja Rajter (r) und
Angelika Emmer (l)

Hotel am Berg

Frankfurter Gastlichkeit mit nostalgischem Charme

Zurück in die Zukunft

IM PITTORESKEN DORNRÖSCHENSCHLOSS AM SACHSENHÄUSER BERG SCHEINT DIE ZEIT SEIT DEN FÜNFZIGER JAHREN STEHENGEBLIEBEN ZU SEIN. Und das ist ganz wunderbar. So gibt es im Hotel am Berg viel zu entdecken, was früher als altmodisch galt, heute aber ganz hip und stylish ist. Das Gründerzeithaus mit seinen Originalmöbeln, Tapeten und Einrichtungsgegenständen aus der deutschen Nachkriegszeit ist ein Schmuckstück in der Frankfurter Hotellandschaft und ein großartiger Zeitzeuge. Das wissen weitgereiste Weltenbummler, trendige Location-Scouts und treue Dauergäste zu schätzen. Hotelchefin Hannelore von Baross lebt hier seit ihrer Kindheit und erhält gemeinsam mit ihrem Gatten Joachim das heimelige Hotelambiente mit musealem Charakter mit viel Engagement am Leben. Jedes der großzügig geschnittenen Zimmer mit hohen Wänden und meist mit einem Balkon ist anders: Tapeten mit auf dem Kopf stehenden japanischen Schriftzeichen im Japan-Zimmer bieten nicht nur Gästen aus dem Land des Lächelns einen Überraschungseffekt; Dschungelatmosphäre verbreitet das Badezimmer des Tiger-Rooms (Zimmer 21), im Turmzimmer lädt eine lauschige Erkernische zu Mußestunden ein. Ein weiterer Augenschmaus im Hotel am Berg: das mit viel Liebe zubereitete und dekorierte Frühstück. Aus vielen frischen Zutaten zaubern geschickte Hände kleine Kunstwerke, die im stilvollen Frühstücksraum mit Klavier serviert werden. Ein Gast sagte einmal, er wolle ein so herrlich zubereitetes Frühstücksarrangement nicht verspeisen. Nur ansehen.

Dieses Interieur
fällt aus dem Rahmen

Tradition auf neuestem Stand:
Im Hotel am Berg ist jedes Zimmer ganz individuell eingerichtet.

Hannelore von Baross:
Bewahrerin eines Frankfurter Juwels

Zu Gast bei Freunden

Die dicken Holzdielen im Treppenhaus knarren bei jedem Schritt, so als wollten sie von der Geschichte und den Geschichten des Hotels am Berg erzählen. Denn Geschichten ranken sich um die charmante Villa, so vielfältig wie das Blattwerk des Efeus. Und wie jede Mär beginnt die Geschichte so: Es war einmal ... ein junger Nürnberger Bauunternehmer namens Helmut Ohm, dem hatte es eine ehemals prächtige, nach dem Krieg aber völlig zerbombte Ruine nahe des heutigen Südbahnhofs angetan. 1949 kauft er das Anwesen und bald beginnt er Speis zu mischen, bestellt Steine und baut das Haus nach alten Plänen wieder auf. Schließlich lässt sich auch seine Ehefrau Friedel von der Bau-Lust anstecken und sie hilft begeistert mit, die Traumvilla zu rekonstruieren. Fotos belegen, wie die elegant gekleidete Friedel Ohm im schicken Chanel-Kostüm die Schubkarre mit Bauschutt über Planken schob. Weil sich die junge Familie eine solche Residenz nur zum Wohnen alleine nicht leisten konnte, zogen kurz nach der Fertigstellung im Jahr 1952 die ersten Gäste ein. Volltreffer! Das Hotel am Berg entwickelte sich in Zeiten des Wirtschaftswunders zu einer der besten Adressen in Frankfurt. Damals holte Helmut Ohm die Gäste sogar persönlich mit dem Auto vom Hauptbahnhof ab.

„Die sympathische,einmalige Atmosphäre und das kreative Ambiente machen dieses Haus und seine Gemeinschaft aus." Wilke Wilken

ILLUSTRES PUBLIKUM

Es waren interessante und schillernde Menschen, viele Individualisten, die das Hotel am damaligen Stadtrand in den ersten Jahren bevölkerten. Zirkusleute, Maler, Wanderarbeiter, Musiker – überwiegend Kreative eben. Und weil Kunst oft brotlos ist, bezahlten die einen ihre Übernachtungsgebühr mit Freikarten für Vorstellungen. Andere packten dort an, wo kräftige Kerle gebraucht wurden. Die Währung eines Pianisten: spielen am schwarzen Flügel im großen Speisesaal. Verließ jemand den Raum oder das Hotel, sang der Mann stets den Schlagerhit „Auf Wiederseh'n, Auf Wiederseh'n". Helmut Ohm liebte schräge Vögel und ließ sich die Unterkunft manches Mal in Naturalien bezahlen.

KUNST STATT BARES

Wie der Maler Kettel. Seine Gemälde sind noch heute im Haus zu sehen. Eine Dschungelszenerie mit Affen, Seerosen, Lianen und Flamingos in einem der Badezimmer. Ein Stierkampf, Elefanten und zwei Lamas auf dem Inkapfad schmücken die Wände der Treppe in der Hotelhalle. Er habe sich die Anregungen dafür aus Zeitschriften und Magazinen geholt, erzählt Hotelchefin Hannelore von Baross. Nicht gleich auf den ersten Blick fallen die mit Ölfarbe gemalten Porträts im Entree ins Auge. Wer aber genau hinsieht, erkennt Helmut Ohm als jungen, feschen Mann. Ein anderes Bildnis zeigt die elegante Friedel, auf einem Gemälde lächelt Sohn Heinz-Dieter. Als kleine Prinzessin porträtiert: die blonde Hannelore, gekleidet in ein rosa Tüllkleidchen.

HEIMAT HOTEL

Hannelore von Baross ist mit dem Haus, in dem sie aufwuchs, immer noch stark verbunden. Sie schaute zu, wie Häuser um sie und die Familiengeschichte herum wuchsen: größer, höher und moderner als das Hotel am Berg. Doch hier ändern sich die Dinge wohlüberlegt und in gemächlichem Tempo. Der Flügel im Speisesaal steht noch immer. Die Familienbilder hängen nach wie vor im Flur. Theatervorführungen, Lesungen und Ausstellungen finden im kleinen, privaten Kreis statt. Und die Hotelchefin ist – als Reverenz an ihren Vater – durchaus bereit, sich Kost und Logis in guter, alter Familientradition in Kunstwerken bezahlen zu lassen.

DAS HAUS ZIEHT KÜNSTLER UND FREIE GEISTER WIE MAGISCH AN

Auch der gebürtige Oldenburger Wilke Wilken, Künstler aus Berufung, liebt die Villa. Er wacht im Hotel am Berg seit einer Dekade als Nachtportier über die Geschicke des Hauses und der Gäste. „Die sympathische, einmalige Atmosphäre und das kreative Ambiente machen dieses Haus und seine Gemeinschaft aus", sagt er. Einige seiner Werke sind im Hotel zu sehen: eine moderne Collage in Kreide und Bleistift zitiert und interpretiert den Hollywoodstreifen „Der große Schlaf" mit Humphrey Bogart und Lauren Bacall eigenwillig. „Das tanzende Huhn" ist eine hintersinnige Zeichnung, die zum zweiten Hinschauen verführt. Und wenn man auf der alten Treppe – die Werke bestaunend – hinuntersteigt, knarren die Stufen. Mal laut, mal leise. Es gibt noch viel zu erzählen ... und zu entdecken im Hotel am Berg.

Hotel am Berg
Grethenweg 23
60598 Frankfurt-Sachsenhausen
T 069 660 5370
www.hotelamberg.com

Design zum Sein

Suite 001-001:
Zuhause auch für eine Nacht

Amador Suite

Die neue ART zu übernachten

HOT SPOT IM FRANKFURTER OSTEN: AMADORS SUITE 001-001 IST EIN REFUGIUM FÜR GENIESSER, die sich auch für eine Nacht ein Zuhause wünschen. Klar strukturierte Loft-Architektur außen, innen ausgewähltes Designer-Mobiliar, extravagante Farbkompositionen und Lichtinszenierungen. Direkt über dem Atelier Amador, in dem die Drei-Sterne-Gerichte des Avantgarde-Kochs ausgetüftelt werden, ist Frankfurts erstes „Ein-Raum-Hotel" entstanden. Wohnzimmer, Ankleideraum, Schlafzimmer, Küche, Bad – die gestalterische Gesamtinszenierung verkörpert den subjektiven Traum eines Hotels. Luxuriös abtauchen können die Gäste im Naturstein-bad mit freistehender Wanne und raffiniert abgetrenntem Duschbereich. Zahlreiche exponierte Details wie das mit Gewürzen aus aller Welt bestückte Küchenregal oder die Kochbibliothek, in der ausschließlich Literarisches zu den Themen Essen, Trinken, Kochen und Genießen zu finden ist, erzählen ebenso kulinarische Geschichten wie die großformatigen Food-Prints an den Wänden aus Amadors elegantem Tapas-Kochbuch. Begrüßt werden die Gäste persönlich von der Dame des Hauses, Victoria Amador. Kongenial ergänzt werden Architektur, Raumdesign und Accessoires vom traumhaften Blick, den die Luxus-Location auf die Frankfurter Skyline bietet – besonders beeindruckend nachts, wenn die futuristischen Kathedralen aus Glas und Stahl in sphärischem Licht erstrahlen. Und wenn die Gäste bereit sind für ihr Diner bringt sie ein Shuttle-Service mit persönlichem Fahrer im Maserati Quattro Porte von der Suite nach Langen ins Drei-Sterne-Restaurant Amador.

Hier liegen Sie goldrichtig!

Die drei von der Suite: Künstler Thommy Tritsch, Drei-Sterne-Koch Juan Amador und Innenarchitektin Sabine Mühlbauer

Individuell statt Hotel

Klare Architektur, ausgewählte Designermöbel, Highend-Küche und spektakulärer Skyline-Blick – mitten im Industriegebiet Fechenheim ist Amadors Suite 001-001 für Individualisten, die Ruhe und Inspiration statt Uniformität und Massenabfertigung suchen, entstanden. Der Künstler Thommy Tritsch und die Innenarchitektin Sabine Mühlbauer vom Morgen-Studio, die schon für zahlreiche Frankfurter Trend-Locations wie Walden oder Cocoon-Lounge verantwortlich zeichnen, haben die ideale Balance zwischen klarem, coolem Loftstil und warmem Zuhause geschaffen. Das Morgen-Team ist bekannt für Raumgestaltungen, die sich intensiv mit der Architektur befas-sen und den Gast zur Partizipation einladen. So können die Gäste auf 150 Quadratmetern die Seele baumeln lassen. Dunkles Rot im Entree ist ein Paukenschlag und signalisiert: Ich bin angekommen. Dunkler Holzfußboden und ein beeindruckendes Farbspiel von Schwarz bis Senfgrün, von Blau in den Schattierungen des Tages und der Nacht bis schlicht Beige – alles nach der Polychromie architecturale des Altmeisters der Architektur und des Designs, Le Corbusier, strukturiert – schaffen den extravaganten Rahmen für ebensolche Möbel. Moroso liefert das einladende senffarbene Sofa, Serien Lightning das ausgeklügelte Lichtsystem und Einzelstücke wie einen gewaltigen Leuchter, der an das Haupt der Medusa erinnert.

„Der Gast erlebt die Kreation auf dem Teller vielleicht als ein kleines, aber vergängliches Kunstwerk.“ *Juan Amador*

„001-001“ – ein sehr außergewöhnlicher Name für diese luxuriöse Suite, Herr Amador!

Nein, vielmehr Konzept. Einer für einen. Ein Gastgeber. Ein Gast. Ich bin schon fast überall auf der Welt in Hotels gewesen, aber ich habe immer das Gefühl vermisst, zu Hause zu sein – egal wie komfortabel die Hotelsuiten waren und wie sehr man versucht hat, mich zu verwöhnen. Und genau dieses Gefühl des „Zu-Hause-Seins“ sollen meine Gäste in der Suite 001-001 haben.

Kunst im Raum, Kunst auf dem Teller – alle großen Künstler waren auch große Gourmets und komponierten Gastmahle, die sie fast wie ihre Gemälde inszenierten. Herr Amador, schaffen Sie Kunst auf dem Teller?

Eigentlich nicht. Ein Koch ist eher ein Hochleistungssportler. In der Küche arbeiten wir im Sekundentakt, da kommt es auf perfektes Handwerk an. Wir reproduzieren meine Gerichte vielfach. Der Gast erlebt dann die Kreation auf dem Teller vielleicht als ein kleines Kunstwerk, aber das ist vergänglich. Denn mit dem ersten Bissen wird es zerstört. Trotzdem möchte ich, dass meine Gäste sensorische und geschmackliche Überraschungen erleben. In ihrer Erinnerung bleibt dann hoffentlich meine Idee, die hinter jeder Komposition steckte, erhalten. Die Entwicklung eines Gerichtes, das ist eher ein kreativer, ein künstlerischer Prozess. Denn wie in der bildenden Kunst auch, basiert die Kochkunst auf der freien Kreativität in der Auswahl der verwendeten Materialien, in der Komposition der Zutaten und Zubereitungsweisen und in der thematischen Gestaltung des Ganzen. Die Erfindung von Gerichten und das jeweilige Konzept in der Zubereitung und Präsentation machen, wenn man so will, die kochkünstlerische Autonomie aus.

Herr Tritsch, schaffen Sie mit Ihrem Team Genusslandschaften zum Leben?

Ja! Wir wollen ein Interieur schaffen, in dem sich Menschen wohlfühlen, ihre Sinne anregen und sie inspirieren. Allerdings können wir das Rad nicht neu erfinden. Wir greifen zurück und bauen auf die Könner unseres Fachs auf. Architektur und Innenarchitektur erfahren eine stete Weiterentwicklung. Eines unserer Vorbilder ist beispielsweise Donald Judd. Der suchte in seinen Arbeiten nach etwas, das weder Malerei noch Skulptur ist, vielmehr beides vereinen sollte. Mit den „Spezifischen Objekten“ gelang ihm durch Einschnitte und Streifen, Raum ins Bild zu bringen. Ebenso integrierte er Objekte in zweidimensionale Werke, um Tiefe nicht durch Illusion zu erhalten. So postierte er in der Folge einfache Boxen aus Holz ohne Podest im Raum und diese wurden zu Elementen des Raums, wirkten direkt auf ihre Umgebung und veränderten sie. Seine Gruppierungen aus einfachen Kuben und Quadern, die als Boden- oder Wandstücke konzipiert waren, wurden berühmt. Trotz strenger Klarheit der Arbeiten entstanden Wechselwirkungen von offenen und geschlossenen Volumen, Innen- und Außenformen, transparenten und kompakten Oberflächen. Judds Kunst aktiviert Zwischenräume, die Architektur des Ortes und die Wahrnehmung des Betrachters.

Sabine Mühlbauer: Ich meine, dass wir eher den Ansatz der Gebrauchskunst in unserem Schaffen haben. Wir beschäftigen uns mit der Wirkung von Farbe, der Haptik bestimmter Materialien, wir loten den Raum aus und wie er sich dem Menschen erschließt. Kunst hingegen ist eher funktionslos und ein freies Arbeiten. Man kann einen Architekten nicht mit einem Künstler in einen Topf werfen. Das sind unterschiedliche Genres. Man kann aber voneinander lernen und sich annähern.

Amador Suite

Ferdinand-Porsche-Straße 13

60386 Frankfurt-Fechenheim

T 06103 502713

www.amador-suite.de

In den 1990er Jahren unterrichtete Peter Kubelka an der Städelschule in der Fächerkombination „Film und Kochen als Kunst“. Hätten Sie ein solches Seminar gern besucht?

Thommy Tritsch: Ja! Um die Kultur des Essens nachzuempfinden, bestimmt interessant. Denn soviel ich weiß, hat man sich dem Thema Essen sehr archaisch genähert, z. B. das Fleisch mit Händen und Zähnen vom Knochen gerissen.

Juan Amador: Nein, danke! Auch der Kunst wegen nicht! Ich kann kein Blut sehen! Schon während meiner Lehre war es für mich schrecklich, ein Reh aus der Decke zu schlagen oder einen Fisch zu schlachten und auszunehmen.

Sabine Mühlbauer: Eher nicht! Der künstlerische Diskurs erscheint mir in diesem Kontext wirklich schwierig.

Bristol Hotel

Hier haben Sie einen guten Empfang!

Lobby Bristol Hotel:
echt kuh(l)!

Szenetreff Bristol Bar:
ein Platz für 24 Stunden

Schöne, neue Hotel-Welt

DAS BRISTOL IST WOHL DAS ERSTE HOTEL IN DER STADT, DAS MAN MIT RECHT „DESIGNHOTEL" NENNEN DURFTE. Und endlich mal weltstädtische Öffnungszeiten in der kleinsten Metropole der Welt: 24 Stunden, rund um die Uhr. Anfang 2003 haben Micky Rosen und Alex Urseanu das Bristol Hotel in der Nähe des Frankfurter Hauptbahnhofs übernommen. Haben bei laufendem Betrieb erst das Restaurant, dann die Rezeption und die Bar umgebaut. Nach und nach kamen die sieben Etagen mit 145 Zimmern dran. „Lebendig soll das Hotel sein, kein cooler Designtempel, kein seelenloses, unpersönliches Business-Hotel, kein langweiliges Nachtasyl. Wohlfühlen sollen sich die Gäste", so der Wunsch der beiden Macher. Entsprechend hat im Bristol Rosens Frau Oana ihre Spuren hinterlassen und mit überraschend verspielten Details die strenge Eleganz des dunklen Holzes von Boden und Möbeln aufgelockert. Nun wachsen im Frühstücksraum unter den Business-Fernsehern Blumen aus der Wand, und im Gang zu den Zimmern reihen sich Lichtkuben, auf denen je nach aktueller Messe Matchbox-Autos, Bücher oder zu Weihnachten rote Schleifen stehen. In der Lobby kann man auf ausladenden, bequemen Kuhfell-Sesseln relaxen. Selbst auf den Kaffeetassen und den Fenstern in den Toiletten ist das Logo des Bristol Hotels zu erkennen. Im Bristol wird gelebt, gearbeitet, konferiert und gefeiert: Die Hotelbar ist 24 Stunden geöffnet und einer der Szenetreffs Frankfurts. Designer, Partyvolk, Schauspieler, Werber, Taxifahrer, Manager, Nachteulen, DJs – das Publikum ist so bunt, wie es für diese Ecke der Stadt typisch ist. In den Sommermonaten wird die besondere Atmosphäre des Bristol Hotels ins Freie transferiert: in die Bristol Summer-lounge, laut der Frankfurter Allgemeinen Zeitung der „schönste Garten der Stadt". Hier kann man stilvoll zwischen japanischen Sonnenschirmen und Bambus frühstücken, After-Work-Cocktails schlürfen oder bis in die frühen Morgenstunden dinieren.

In diesem Hotel übernachtet garantiert ein kluger Kopf.

Impulse für Szenegänger

Im Zusammenhang mit den Projekten von Rosen und Urseanu an der Ludwigstraße wurde bereits mehrfach von der Renaissance eines ganzen Quartiers gesprochen. Haben doch die von den beiden Vollblut-Hoteliers betriebenen Hotels „Bristol" und „The Pure" neues Publikum in diese Ecke des Bahnhofsviertels geholt. Vor allem das „Bristol" mit seinen Angeboten, weltstädtischen Öffnungszeiten und angesagten Partys trägt zur Belebung der Szenerie bei. Um den Gästen den Aufenthalt im Bristol Hotel unvergesslich zu machen, das Hotel aber auch nach außen zu öffnen und für das polyglotte Frankfurter Publikum und Gäste aus der ganzen Republik attraktiv zu machen, haben sich Micky Rosen und Alex Urseanu etwas Außergewöhnliches einfallen lassen: Night Crawlers @ Bristol Bar. Wenn möglich, legen einmal im Monat ab 22 Uhr DJs aus ganz Europa auf. Dann wird getanzt, gefeiert und geflirtet bis zum nächsten Morgen.

EVENTS FÜR NACHTAKTIVE

„Zu schade, dass die Gäste die meiste Zeit, die sie im Bristol verbringen, verschlafen", dachten sich die neuen Eigentümer und ließen die Frankfurter in ihrem Hotel zum Kick-off eine Nacht lang durchfeiern. Dass ins Bristol mit 145 Zimmern aber 2.000 Menschen hineinpassen, das hätten die beiden nicht gedacht. Sie wurden schon beim Auftakt der Bristol-Events für nachtaktive Gäste eines Besseren belehrt. Beim Art Check gestalteten 20 junge Künstler und Kunststudenten auf zwei Etagen 34 zur Renovierung vorbereitete, leerstehende Zimmer frei nach ihren Vorstellungen. Für die anschließende Vernissage und Party hatten sich aber auch die übrigen Zimmer für den Gast verwandelt. Live-Musiker und DJs heizten dort den Gästen ein. An verschiedenen Bars und Lounges konnten sie entspannen. Weit mehr als 2000 Personen ließen sich dieses einzigartige Fest nicht entgehen.

„Frankfurt ist gar keine langweilige Bankenstadt. ***Frankfurt lebt*** *– gerade an solchen Ecken wie dem Bahnhofsviertel!"*

Markus Langkamm

PARTY TOTAL

Die Bild-Zeitung schlägt „Nippel-Alarm", weil sich Ex-Brosis-Sängerin Indira in Ekstase nicht nur die Seele aus dem Leib, sondern auch die Brust aus dem Kleid tanzte. Ihr Kommentar auf der angesagtesten Party der Stadt: „München brennt, aber Frankfurt steht in Flammen." Dabei hat Night Crawlers @ Bristol Bar, die heißeste Party der Stadt, 2004 mit 150 Gästen sehr reduziert in der Bristol Summerlounge begonnen. „Dazu eingeladen waren Leute, die wir in der Stadt kennen", sagt Markus Langkamm, Direktor Food & Beverage bei Gekko-Management, dem Headquarter der Rosen-Urseanu Gastronomie & Hotellerie. Die Idee: Freunde treffen Freunde. 2005 gab es dann die ersten Night Crawlers Member Cards. Das Konzept „Friends meet Friends" ging auf. „Nach 150 Gästen bei der ersten Party waren es schnell 300, 900, später bis 1.400 Gäste. So haben wir erst die Bar, anschließend die Lobby, das Restaurant und die Gänge im Erdgeschoss als Party-Locations dazugenommen". Bei den Night Crawlern trifft man Menschen, die man lange nicht gesehen hat, man kann reden und hat einfach eine gute Zeit, so das Motto. „Das geht natürlich nur, wenn das Hotel nicht voll belegt ist. Während eines Partywochenendes können bei uns nur Gäste wohnen, die mitfeiern wollen. Und das werden immer mehr!"

PARTY-NETWORK

Für die Night Crawler Partys gilt: Immer noch werden nur Freunde eingeladen und Freunde können einen Freund/eine Freundin mitbringen – egal ob prominent wie Ralf Bauer, Sonya Kraus, Sabrina Setlur und Ardi Goldman oder waschechtes Frankfurter Kind. Wer während einer Party im Bristol wohnen will, der muss mitfeiern. „Denn kein Umsatz bei einer Party kann so hoch sein, dass man dafür 145 Hotelzimmer leerstehen lässt", erklärt Markus Langkamm. An einem Party-Wochenende wird dann auch mal eine 40-köpfige chinesische Wirtschaftsdelegation durchs Back Office eingecheckt. „Die wussten von der Veranstaltung ... und fanden es extrem gut. Abends war dann große Fotoshow." So einfach wie die Chinesen als Hotelgäste wird man allerdings nicht Member. Nur auf persönliche Empfehlung. „Deswegen sind die Bewerbungen, die bei uns eingehen, manchmal recht abenteuer-lich, beispielsweise E-Mails mit Porträtfotos von Damen UND Herren in teilweise kompromittierender Art mit der Bemerkung „Ich würde doch mit Sicherheit gut zu Eurer Party passen!"

EIN NEUER FUSSBODEN NACH JEDER PARTY

Wenn der letzte Gast gegangen ist, machen sich Putzkolonnen ans Werk, und Handwerker-Trupps beginnen mit der Renovierung. Kein Scherz! Am nächsten Morgen, wird nicht nur gewischt. „Dann werden alle Wände im Erdgeschoss neu gestrichen, der Fußboden komplett abgeschliffen und die Möbel wieder aus dem Nachtdepot geholt. Dass wir einen solchen Aufwand betreiben, hat uns anfangs niemand geglaubt." Nach mittlerweile 50 Night Crawler Partys ist das Bristol Hotel aber optimal gebucht, für Partys ist immer seltener ein Termin zu finden. Deswegen werden diese auch in andere Gekko-Locations wie The Pure Basement, im Sommer in die Gerbermühle oder in interessante Off-Locations im Frankfurter Stadtgebiet verlegt.

Bristol Hotel
Ludwigstraße 15
60327 Frankfurt-Bahnhofsviertel
T 069 242390
www.bristol-hotel.de

„Wir sind mit **Leib und Seele** Dienstleister."

Micky Rosen & Alex Urseanu

Eiskaffee & Eistee
iced coffee or tea 2,-
Äppelwoi
1 litre of apple-wine 5,-€
Happy Hour
take 2 cocktails and pay 1 from 8-9pm
Billard 1€/15 min
Cuba Libre
Tequila Sunrise
Snacks 1,-€
BEVERAGES
Café Latte 2,40€
Macchiato 2,50€
Chocolate 2,40€
1,70€
Pasta
from 5pm to 9pm
spaghetti
penne
with
pomodore
pesto
bolognese
arrabbiata

Stylishe, neue Hostelwelt für Backpacker,
Weltenbummler und andere jung gebliebene Gäste

Five Elements Hostel:
Hier kann man mit 'nem Apple und 'nem Mac übernachten.

Five Elements Hostel

Wegweiser: Polyglotte Zeichensprache für Gäste aus aller Welt

Zu Gast bei Freunden

DIE WELT IST EIN GLOBALES DORF, UND JUNGE WELTENBUMMLER TREFFEN SICH IM ERSTEN FÜNF-STERNE-BACKPACKER-HOSTEL IN FRANKFURT. „Es war seltsam: Deutschlands größter internationaler Flughafen, viel zu sehen und zu erleben in Frankfurt und Umgebung, aber schwer, ein Bett für einen Backpacker zu finden", sagt Five-Elements-Mitinhaber Peter Weißbach. Deswegen suchte der Berliner, der der Liebe wegen nach Frankfurt kam, in der Mainmetropole nach einem geeigneten Objekt. In der Moselstraße haben er und seine vier Berliner Partner es gefunden. Steen Rotheberger war der für das Konzept Hostel begeisterte Investor, der das Haus speziell zu diesem Zweck auf einer Versteigerung erwarb. 2008 wurde das siebenstöckige Gebäude mit seiner denkmalgeschützten Fassade der Jahrhundertwende mit brandneuem Konzept, viel Gefühl für Stil und innovativen Ideen komplett saniert. Auf das Wesentliche ist das Interieur reduziert: Holz, Leder, Glas, Naturstein, Beton. Duschen ohne Wandfliesen, sondern mit transparent versiegeltem Estrich und tellerförmigen Regenduschen, Echtholzparkett; zum runden Element Lampe wird der eckige Tisch kombiniert. Heißer Tipp: der unbeschreibliche Blick auf die zum Greifen nahe Frankfurter Skyline.

Kunst im Billardkeller

Wie man sich bettet, so schläft man!

Unterwegs zu Hause

Hostel, das ist der internationale Begriff für Jugendherberge. „Das Five Elements Hostel ist bezahlbar für junge Leute, aber es gibt kein Jugendherbergs-typisches strenges Regelwerk. Wir sind nicht so altbacken", erklärt Peter Weißbach. Der hat seinen Zivildienst in einer Jugendherberge abgeleistet und wusste schon damals: „Das kann man besser machen." Deswegen sitzt man in der Lobby auch an langen Tischen wie in einer traditionellen Frankfurter Apfelweinkneipe, der Tresen ist offen gestaltet, „und das Straßenkino haben wir gratis hier", ergänzt Peter Weißbach augenzwinkernd. Zum Service im Hostel gehört zudem der Verleih von Laptops. Nicht nur das Angebot und die Preise der Einzel-, Doppel- und Mehrbettzimmer sowie der Apartments, in denen man à la WG ein Zimmer langfristig mieten kann, auch die Atmosphäre, die polyglotten Leute hinterm Tresen – alles passt.

IM FIVE ELEMENTS HOSTEL IST DIE WELT ZU HAUSE

Zum internationalen Team gehört auch die Australierin Julie Allard (28). Die studierte Betriebswirtschaftlerin, erfolgreiche Investmentbankerin und passionierte Weltenbummlerin war bereits im Jahr 2000 Austauschschülerin in St. Goarshausen am Rhein und 2002 Gaststudentin an der University of Applied Science in Frankfurt. Ein Herz für Frankfurt? Ja, denn es liegt recht nah bei St. Goarshausen, und dort habe ich noch einige gute Freunde. Ein Scherz!" Die Metropole Frankfurt habe noch andere Vorteile, meint die Backpackerin, die schon die USA, ihren Heimatkontinent Australien und den fernen Osten ausgiebig bereist hat. „Frankfurt ist der Nabel der Region und Verkehrsknotenpunkt. Von hier aus kann man in die ganze Welt reisen." Auch wenn sich ihre stück oder an der Rezeption trifft, gemeinsam etwas unternimmt oder bei uns im von einem Graffitikünstler gestalteten Keller Billard spielt – das Konzept kommt gut an und bietet viele Möglichkeiten, andere junge Menschen und Reisende kennenzulernen."

> **„Das Konzept kommt gut an und bietet viele Möglichkeiten, andere junge Menschen und Reisende kennenzulernen."**
> *Julie Allart*

Exkursionen während der freien Tage auf Europa „beschränken": Venedig, Barcelona oder auch Heidelberg sind ihre Ziele während der zwölf Monate, für die das Working Holiday Visa für einen Aufenthalt und Job in Deutschland gültig ist.

ARBEITEN IM HOSTEL, DAS IST EIN TRAUMJOB ...

für die weitgereiste Australierin, die schon im Rhein-Main TV bei ihrer Arbeit im Five Elements Hostel zu sehen war. „Ich habe auch schon in Hotels übernachtet, sicher. Zum Beispiel war ich drei Nächte in Bangkok im Hotel. Die einzigen Menschen, mit denen ich gesprochen habe, gehörten zum Personal", erzählt die weltoffene Julie. „Das ist in einem Hostel ganz anders, weil man hier fast nur Gleichgesinnte trifft. Hier wird es nie langweilig, weil im Hostel Menschen aller Nationalitäten übernachten und eine sehr offene, interessierte Atmosphäre herrscht. Egal ob man sich beim Früh-

GUTES GEFÜHL FÜR GÄSTE

„Ich denke, die Erinnerung an den Aufenthalt in einer Stadt oder einem Land hängt auch immer von dem guten Eindruck ab, den die Hotels und Hostels hinterlassen. Das ist eine große Verantwortung." Julie Allard weiß aus eigener Erfahrung – als Reisende, aber auch von ihrer Arbeit in einem australischen Youth Hostel –, was sich Backpacker wünschen. „Dazu gehört es auch, den Gästen das gute Gefühl zu vermitteln, dass sie bei Freunden angekommen sind." Deswegen spricht das Team im Five Elements fast alle gängigen europäischen Sprachen, wobei Englisch die Backpacker-Sprache schlechthin ist. Aber auch auf Chinesisch kann man im 5e die Gäste begrüßen.

FRANKFURT, MON AMOUR

Hand aufs Herz! Ist Frankfurt für Sie nur ein Verkehrsknotenpunkt? „Nein, natürlich nicht! Ich schätze die vielen Grünzonen, beispielsweise am Fluss. Da ist immer was los, und ich schicke viele Gäste, die nach einem Park oder so fragen, ans nahegelegene Mainufer. Gern empfehle ich auch das Maincafé, das gefällt mir besonders gut." Ihre Liebe zur Frankfurter Küche hat die weitgereiste Australierin ebenfalls entdeckt. „Handkäse mit Musik ist gewöhnungsbedürftig, Frankfurter Grüne Soße schmeckt toll." Aber auch die multikulturellen Gerichte, die man überall in der Mainmetropole und gerade auch im Bahnhofsviertel genießen kann, haben es der Wahl-Frankfurterin angetan. „Das ist Lebensqualität, die es nicht überall gibt." Um den Gästen im Hostel die Frankfurter Küche näherzubringen, wird einmal in der Woche der „Frankfurter Teller" mit lokaltypischen Spezereien von Handkäs' bis Rippchen mit Kraut serviert. Dazu natürlich das Frankfurter Nationalgetränk, der Apfelwein.

Five Elements Hostel
Moselstraße 40
60329 Frankfurt-Bahnhofsviertel
T 069 24005885
www.5elementshostel.de

Edle Stoffe und Materialien in warmen Erdtönen, kombiniert mit modernen Design-Elementen, schaffen in jedem Raum eine behagliche Atmosphäre.

Fleming's Deluxe

Ohnegleichen: die stilvolle Empfangshalle mit dem denkmalgeschützten Paternoster und dem Treppenhaus des Fleming's Deluxe

Im siebten Hotel-Himmel

DEUTSCHLANDS EINZIGES HOTEL MIT EINEM ÖFFENTLICH ZUGÄNGLICHEN PATERNOSTERAUFZUG ÖFFNETE ANFANG APRIL 2008 SEINE TÜREN IN BESTER FRANKFURTER CITYLAGE. In den ersten 100 Tagen nach der Eröffnung des Hotels Fleming's Deluxe hat sich der Paternoster jeweils alle fünf Stunden hundertmal, also insgesamt 48.000-mal zuverlässig und störungsfrei in seiner Umlaufbahn bewegt. Schon in den ersten 100 Tagen wagten weit mehr als 100 VIP-Gäste eine Fahrt mit dem ratternden, nostalgischen Personenaufzug. Paternoster gibt es in der Mainmetropole nur noch wenige: im Peter-Behrens-Bau der ehemaligen Farbwerke Hoechst, im Allianz-Gebäude oder im Oberlandesgericht zum Beispiel. Allerdings sind diese nicht öffentlich zugänglich. Mit dem denkmalgeschützten „Personalumlaufaufzug" können Gäste und Besucher des Fünf-Sterne-Hotels das in der siebten Etage gelegene Grill-Restaurant mit Terrasse erreichen und dort die mediterranen Grill- & Seafood-Spezialitäten inklusive eines unvergleichlichen Ausblicks über die Dächer von Frankfurt bis hin zum Taunus genießen. Schlicht und elegant: die 106 Deluxe Zimmer und sechs Executive Suiten des Hauses. Die moderne Einrichtung mit wengefarbenen Hölzern, hochwertigen Stoffen in warmen Tönen wie Bordeaux und Bernstein, kombiniert mit modernen Designelementen, verleihen den Räumen eine behagliche Atmosphäre. Entsprechend aufwändig sind die vollverglasten Bäder aus erlesenen Materialien wie Granit, Glas und Parkett. Auch die Serviceleistungen des Hotels entsprechen Fünf-Sterne-Niveau: Fitnessbereich mit Sauna, Solarium, Aufenthaltsbereich und Workout-Room stehen den Gästen ebenso zur Verfügung wie eine Bar, eine Lounge sowie eine Bibliothek mit offenem Kamin. Neben kostenlosem Internetzugang via WLAN erwarten die Gäste des Fleming's Deluxe zusätzliche Serviceleistungen wie Schuhputz-, Limousinen-, 24-Stunden Etagen- und Sekretariats-Service.

Ungewöhnliche Perspektiven: das Treppenhaus mit einem Original-Geländer aus den 1950er Jahren

Auf der siebten Etage des Hotels, hoch über den Dächern von Frankfurt, erwartet die Gäste der Fleming's Club mit einem Grill, einer Lounge und einer Bar.

Frankfurter Stadt-Geschichte(n)

SUSANNE FRÖHLICH wurde als waschechtes Frankfurter Mädchen im Frankfurt der Swinging Sixties geboren. Sie kennt und liebt ihre Heimatstadt. Vom Hotel Fleming's Deluxe und der spektakulären Aussicht ist die weitgereiste Weltenbummlerin nachhaltig beeindruckt. Nach Abitur und Jurastudium arbeitet Susanne Fröhlich seit 1984 als Moderatorin, Redakteurin und Journalistin. Mit ihrem ersten Roman „Frisch gepresst" landete sie gleich einen Bestseller. Fachbuch-Dauerseller wie „Jeder Fisch ist schön, wenn er an der Angel hängt" (zusammen mit Constanze Kleis) oder „Moppel-Ich" folgten. Für den ersteren Ratgeber gab es beste Platzierungen auf der Sachbuchbestsellerliste und eine Nominierung für den Deutschen Buchpreis. Mit „Charlottes Welt" legt Susanne Fröhlich 2009 ihr erstes Jugendbuch vor.

Frankfurt hat seine ganz besonderen Eigenarten. Kaum eine andere deutsche Großstadt polarisiert so wie die Mainmetropole. Frankfurt ist nicht groß, aber wer in der Mitte Europas liegt, taugt nicht zur Mittelmäßigkeit. Als Finanzplatz nimmt die Stadt weltweit eine Spitzenposition ein. Frankfurts „Wallstreet" heißt Mainzer Landstraße. Hier reihen sich die postmodernen Kathedralen des Kapitals aus Stahl, Beton und Glas mal japanisch schlicht (Japan Tower), mal mit Kronenrand (Westend-Tower), mal mit Sendemast des Hessischen Rundfunks (Maintower), meines Heimatsenders, dicht an dicht. Rekordverdächtig nach wie vor: der Commerzbank-Tower. Das Bürogebäude kratzt mit seiner Antenne 300 Meter und einen Zentimeter über NN am Himmel über der Stadt. Von der herrlichen Terrasse des Fleming's Deluxe Restaurants hat man eine spektakuläre Aussicht auf die Skyline gegenüber.

> ***„Mal Metropole, mal Provinz, mal nostalgisch, mal visionär. Frankfurt ist alles – nur nicht langweilig"*** *Susanne Fröhlich*

MÖGEN SIE HOCHHÄUSER?

In Frankfurt wächst mit atemberaubender Geschwindigkeit ein Koloss nach dem anderen in den Himmel, wie man von hier oben leicht sehen kann. Zur Stehparty der Wolkenkratzer gesellt sich neuerdings gleich neben dem Fleming's Deluxe Hotel der mehr als 135 Meter hohe Büroturm am Thurn-und-Taxis-Platz. Das war in den 1950er Jahren noch ganz anders. Damals musste sich beispielsweise die Repräsentanz des Chemiekonzerns Bayer in seiner Höhe noch dem benachbarten Eschenheimer Turm unterordnen. Nach den Plänen des Architekten Stefan Blattner entstand 1952 ein achtgeschossiges, voll verglastes Bürogebäude mit einem scheinbar schwebenden, auskragenden Flachdach. Das sich darunter befindende oberste, sehr hohe Geschoss ist voll verglast und gegenüber der Fassade zurückgesetzt, sodass eine Art Terrasse entsteht. Das Bayer-Haus ist denkmalgeschützt. So mussten bei der Umnutzung zum Hotel die frei gespannten Treppen mit filigranen, rautenförmigen Geländern und der Paternoster im Haus erhalten bleiben.

FRANKFURTER GESCHICHTE(N)

„Hier liegt alles so schön nah beieinander", befand schon Max Beckmann, einst Direktor des Frankfurter Städel-Museums. Die imposante Skyline und die historischen Gebäude, wie Frankfurter Börse, Eschenheimer Turm oder Katharinenkirche, die man von der Terrasse des Fleming's Deluxe leicht erspähen kann. Der Grundstein zur Frankfurter Börse wurde 1585 mit der ersten amtlichen Kursfeststellung gelegt. Ein standesgemäßes Ambiente für Börsianer bietet der 1879 im Stil der italienischen Hochrenaissance erbaute Komplex am Börsenplatz. Die 43 Meter hohe Kuppel, die man von hier oben gut erkennen kann, begrenzt den repräsentativen Bau. Der Eschenheimer Turm (1346) gehört zu den bedeutendsten Torbauten altstädtischer Architektur, wurde 1428 umgestaltet und ist über eine Spindeltreppe zugänglich, die ins Kaminzimmer führt. Schaut man Richtung City, entdeckt man die Katharinenkirche. Am 9. März 1522 verkündete hier ein Schüler Luthers die Reformation in Frankfurt. Ein weiteres geschichtsträchtiges Datum: Am 17. Januar 1777 wurde an der Katharinenpforte die Kindsmörderin Johanna Margaretha Brand enthauptet. Das veranlasste den anwesenden jungen Goethe, der in dieser Kirche auch konfirmiert wurde, das Erlebnis in seiner Gretchentragödie im Urfaust zu verarbeiten.

BILDUNG FÜR ALLE

Schauen Sie nach rechts, entdecken Sie ein weiteres kulturgeschichtliches Zeugnis, wenn auch aus jüngerer Zeit. Das Volksbildungsheim, eröffnet 1908, war ein Gebäude der Erwachsenenbildung. Im Zweiten Weltkrieg stark zerstört, wurde es von 1950 bis 1953 wieder aufgebaut. Die städtische Volksbücherei fand hier ebenso ihren Sitz wie das Hoch'sche Konservatorium. Im Theater am Turm (1963 bis 1995) inszenierten namhafte Regisseure wie Claus Peymann, Rainer Werner Fassbinder und Tom Stromberg. Das Theater war auch Spielstätte für freie experimentelle Gruppen und internationale Künstler wie die Tanzcompanien von Vivienne Newport und William Forsythe. 1998 wurde das Volksbildungsheim entkernt und zum Kinocenter Cinestar Metropolis umgebaut.

NIEDER MIT DEN MAUERN!

Ende des 18. Jahrhunderts erhielt die neuzeitliche Stadtentwicklung durch Napoleons Befehl, die Stadtmauern zu schleifen (1802), einen ersten Anstoß. Mit dem sogenannten „Wallservitut" von 1806 wurde dann festgelegt, „dass zu keiner Zeit der Bereich der ehemaligen Wallanlagen bebaut werden soll." Unter Regie von Stadtgärtner Sebastian Rinz entstand ein Grüngürtel mit Baum- und Wiesenstücken, künstlichen Seen und sanften Hügeln, modernen Skulpturen und plätschernden Brunnen, der sich rund um die Kernstadt zieht und in eineinhalb Stunden per pedes zu bewältigen ist. Mein Tipp: In diese Frankfurter Grünzone können Sie gleich am Hotel einsteigen!

Fleming's Deluxe

Eschenheimer Tor 2

60318 Frankfurt-City

T 069 4272 32 999

www.flemings-hotels.com

Autorenbar:
Hochprozentiges für Dichter und Denker

Steigenberger Frankfurter Hof

Glanz und Gloria seit 1876:
Lobby im Steigenberger Frankfurter Hof

Grande Dame der Frankfurter Hotellerie

NACH EINER UMFASSENDEN SCHÖNHEITSKUR ZEIGT SICH DIE „FIRST LADY" DER FRANKFURTER HOTELLERIE VON IHRER SCHÖNSTEN SEITE. Für zehn Millionen Euro hat das Hotel-Imperium Steigenberger die denkmalgeschützte Fassade seines Flaggschiffs in Frankfurt renovieren lassen. Bereits im Jahre 2006 sind viele Zimmer neu gestaltet und die Ehrenhof-Terrasse erneuert worden – fünf Monate lang, bei laufendem Hotelbetrieb. Das 320-Zimmer-Haus ist seit seiner Eröffnung 1876 bis heute die „Grande Dame" geblieben und hat Bewunderer aus aller Welt. Erst 2007 wurde der Steigenberger Frankfurter Hof am Kaiserplatz wieder unter die zehn besten Hotels der Welt gewählt. Schon zu seiner Eröffnung waren städtische Bevölkerung und internationale Gäste gleichermaßen von dem imposanten Gebäude mit seinen drei Flügeln, der Fassade aus Sandstein und der Säulenarkade überwältigt. Vorbild für die Luxusherberge waren den Architekten Karl Jonas Mylius und Alfred Friedrich Bluntschli die barocken (Hotel-)Palais des Pariser Adels. Den Speisesaal für 800 Gäste aus den Gründungstagen des Hauses gibt es längst nicht mehr. Doch das elegant gestaltete Restaurant Français im Château-Stil (Küchenleitung: Sternekoch Patrick Bittner) ist eine der besten Frankfurter Adressen für Gourmets. So kann man heute stilvoll tafeln, wo 1918 der revolutionäre Arbeiter- und Soldatenrat die Matrosensuppe aufgetischt bekam. Das Hotel Steigenberger Frankfurter Hof ist eben ein geschichtsträchtiges Haus, dem Nobelpreisträger Thomas Mann mit seinem Urteil nach einem Besuch des Hauses 1907 ein literarisches Denkmal setzte: „Was ein wirkliches Grand-Hotel ist, habe ich erst wieder in Frankfurt gesehen, im Frankfurter Hof. Da weiß man doch, für was man zahlt und tut's mit einer Art Freudigkeit".

Im Steigenberger Frankfurter Hof erlebt die Pracht vergangener Tage eine stilvolle Renaissance.

Lebendiges Denkmal der Fünf-Sterne-Hotellerie in der Mainmetropole

STEIGENBERGER FRANKFURTER HOF

Der Herr Carl

Zwischen dem Herrn Karl von Helmut Qualtinger und dem Herrn Carl vom Steigenberger Frankfurter Hof liegen Welten. Der Herr Karl ist ein opportunistischer Mitläufer, ein Profiteur ohne Skrupel, ein kaltherziger Kleinbürger, ein Banause, der gemütlich tut und gefährlich sein kann, kurzum: Der Herr Karl ist der ewige Spießer, er trägt Hut und arbeitet bei Feinkost Wawra. Der Herr Carl dagegen ist ein wacher Menschenfreund, kann ahnen, was man fühlt und denkt, kann Wünsche erfüllen, freundlich sein und hat doch durchaus eine eigene Meinung, kurzum: Der Herr Carl ist eine äußerst angenehme, erstaunlich zeitlose Erscheinung, trägt niemals Hut und arbeitet seit unfassbaren 42 Jahren im Hotel Steigenberger Frankfurter Hof, viele Jahre davon schon als Concierge.

Der Herr Karl hat keinen Nachnamen, der Herr Carl hat keinen Vornamen – doch, er hat natürlich einen, aber der ist zu modern und passt irgendwie gar nicht zu ihm, und den muss man auch nicht wirklich wissen, außer man schreibt sich mit ihm Briefe. Da gehört ein Vorname drauf. Und so kenne ich den Vornamen des Herrn Carl, denn wir schreiben uns seit vielen Jahren Briefe, sehr häufig, sehr regelmäßig, die Briefe handeln ein bisschen vom Leben und sehr viel von den Büchern. Irgendwann fing das an. Und immer schreiben wir beide mit der Hand, ich mit schräger Schrift und Tinte, er mit geraden Buchstaben und Kugelschreiber. Durch seine Briefe weiß ich, was Herr Carl denkt und liest. Er liest unendlich viel. Er kommt, wie ich, aus Verhältnissen, in denen Bildung und Bücher nicht in der sogenannten Wiege lagen, das entdeckte und erkämpfte man sich nach und nach selbst. „Als ich mir endlich Bücher leisten konnte …", schrieb er mir einmal, und auch ich erinnere mich gut an die Zeit, als ich mir endlich Bücher leisten konnte.

AHNT IHR DAS, IHR VERLEGER?

Heute bekomme ich Bücher von den Verlagen geschickt, umsonst, für meine Arbeit, und noch immer empfinde ich (fast!) jedes Bücherpaket als kostbares Geschenk. Der Herr Carl kauft sich die Bücher. Wenn die Verleger wüssten, wie unendlich liebevoll er über sie und ihre Arbeit redet, müssten sie sie ihm auch schicken und schenken – wem, wenn nicht ihm, der schwärmt: Daniel Keel verdanke ich so viel – die Ausgrabungen, die verborgenen Schätze, und alles in bezahlbaren Taschenbüchern! Und immer so schönes Papier! Er sagt: Durch Manesse kenne ich die Großen der Weltliteratur, und da habe ich gelernt, dass alle Länder der Erde große Schriftsteller hervorgebracht haben. Er schreibt mir in einem Brief: „Ich habe schon so viele Verleger im Hotel kennengelernt, alles weltoffene, kluge Menschen, ihre Arbeit hat mein Leben glücklich gemacht, ich könnte sie alle umarmen." (…)

ÜBER EITELKEITEN SIEHT ER GROSSZÜGIG HINWEG

„In ‚Glaube und Denken – Dimensionen der Wirklichkeit' von Kurt Hübner habe ich heute einen Satz gefunden, über den es sich lohnt, lange nachzudenken", schreibt mir Herr Carl. „Er lautet: ‚Wendet sich der Mensch gegen Gott, so wendet er sich in Wahrheit gegen sich selbst, gegen das, was er eigentlich ist: Gottes Ebenbild.'" Ja, lieber, sehr verehrter und wunderbarer Herr Carl, es lohnt sich, über diesen Satz nachzudenken, es lohnt sich, über Ihre Güte und Warmherzigkeit, über die Quelle für Ihre Kraft und unermüdliche Freundlichkeit nachzudenken. Natürlich ist Freundlichkeit Teil Ihres Jobs. Natürlich sind alle Concierges im Steigenberger Frankfurter Hof freundlich, ich mag sie alle. Aber Sie strahlen. In Ihnen ist irgendetwas, das man hat oder nicht hat, Charisma? Das Besondere eben. Das, was manchmal Menschen haben, die Schweres erlebten und dadurch nicht bitter wurden, sondern eher heiter und gelassen, dankbar. Herr Carl liebt seinen Beruf, freut sich über die Chancen, die er gehabt hat, er liebt die Bücher, er liebt die Hotelgäste, das tut er wirklich. Aber vor allem liebt er die Menschen, die zur Buchmesse anreisen, die Presseleute, die Kritiker, er bewundert, was sie leisten, und dankt dafür, dass sie es auch für ihn leisten, dass sie ihn mit geistiger Nahrung versorgen. Über Launen, Anmaßungen, Eitelkeiten sieht einer wie Herr Carl großzügig hinweg. Das sind Momentaufnahmen, die werden nicht gespeichert. Es bleibt die Freude über die Begegnung.

„ÖMER, HIER ÜBERGEBE ICH IHNEN FRAU HEIDENREICH"

Das Verhältnis des Herrn Carl zu Frauen ist ganz speziell. Sie sind wirklich für ihn: Freunde. Auf jede Dame schießt Herr Carl zu und begrüßt sie überschwänglich und lässt sie denken, sie sei die Einzige, die Schönste, die Wichtigste für ihn. Wir lachen darüber, aber gut tut es doch, und manchmal spürt man sehr wohl, ob eine Begrüßung einen Hauch inniger ist, als es das Geschäftsgebaren verlangt. Wir kennen unsern Herrn Carl. Wir trauen ihm nicht immer über den Weg, er kann auch spöttisch sein, aber wir vertrauen ihm bedenkenlos. Wenn er uns empfängt, sind wir zu Hause. Er kennt unsere Geheimnisse und plaudert sie nicht aus. Immer ist er da, wenn man abreist, und sagt: „Kommen Sie bald wieder, bitte." Man kommt gern wieder. Es ist ein angenehmes Hotel, auch außerhalb der Messe. Aber während der Messe ist es die Zentrale, in der man alles sieht, erlebt, hört, was man für ein Jahr wieder wissen muss, und zwar abends in der Bar, so ab 23 Uhr. Natürlich ist es brechend voll. Natürlich ist nirgends ein Platz. Herr Carl nimmt meine Hand, führt mich bis vor die Theke, übergibt mich an den nächsten liebenswerten Menschen, sagt: „Ömer, hier übergebe ich Ihnen Frau Heidenreich." Und Herr Ömer, der Ömer genannt werden möchte und wird, übernimmt. Kein Getümmel bringt ihn je aus der Ruhe. Er weiß genau zwischen Eintagsfliegen und Stammgästen zu unterscheiden. Und es muss ein gutes Hotel sein, das solche Menschen über Jahrzehnte hält und beschäftigt. Nein, umgekehrt. Solche Menschen machen ein Hotel zu einem guten, in dem man glücklich schläft.

P.S. Ich habe Herrn Carl gesagt, dass ich über ihn schreibe. Prompt kam ein Brief. „Lassen Sie mich bitte ganz klein in Ihrem Artikel sein", schrieb er. „Groß an mir ist nur die Liebe zum Buch und die Achtung vor den Büchermenschen." Herr Carl ist, das stimmt, zart und klein. Die Seele, die in diesem zarten Körper wohnt, ist riesengroß und wärmt uns alle. Danke, lieber Jürgen Carl, für alles.

(Beitrag mit freundlicher Genehmigung von Elke Heidenreich, aus: FAZ vom 15. 10. 2008)

„Groß an mir ist nur ***die Liebe zum Buch***
und die Achtung vor den Büchermenschen.“

Herr Carl

Steigenberger
Frankfurter Hof
Am Kaiserplatz
60311 Frankfurt-City
T 069 215-02
www.steigenberger.com

Gerbermühle

Goethe würde die Räume, in denen er vor 200 Jahren Marianne von Willemer kennen und lieben lernte, nicht wiedererkennen.

Hotellobby:
Inszenierung mit Pferd

Thunfischsteak vom Grill
Forelle „Müllerin Art" mit zerlassener Butter
Petersilienkartoffeln u. Gurkensalat m. Dillrahm
Frankfurter Rippchen u. Blutwurst

Land-Gut

DIE AUFGABE, ZWISCHEN ALT UND NEU, HISTORIE UND MODERNE EINE BRÜCKE ZU SCHLAGEN, ist immer wieder eine große Herausforderung für Architekten und Raumgestalter. In der Halle der Gerbermühle schweift der Blick durch das lichtdurchflutete Entree, entlang der Empore zu den Hotelzimmern, zur Turmbar im sechs Meter hohen denkmalgeschützten Turm der Gerbermühle, zum Restaurant und zum Wintergarten. Viel Glas, der Boden aus belgischem Granit, zahlreiche Durchbrüche in weißen Wänden und die Verbindung mit altem Gemäuer sorgen für eine einzigartige, neu interpretierte Landhausatmosphäre. Liebevolle Details wie Leuchten und Lampen von Roberto Cavalli und Andrew Martin mit Geweihen und Leder, Tische und Stühle in gekalkter Eiche, Sessel in dunkelbraunem Leder mit Nieten und Fell spiegeln den Geschmack und den Anspruch der beiden Inhaber Micky Rosen und Alex Urseanu, die hier einen Raum geschaffen haben, in dem die Gäste Gefühl und Individualität leben dürfen. Die sechs Suiten, allesamt Unikate und unterschiedlich geschnitten, verweisen mit den erhaltenen historischen Elementen wie Gaubenfenstern oder offenem Gebälk auf die architektonischen Wurzeln des Mühlenensembles. Nomen est omen: Alle Suiten wurden nach Besuchern benannt, die für das Leben des Frankfurter Goethe bedeutsam waren – Charlotte von Stein oder Marianne von Willemer beispielsweise.

Ganz nah am Mainstream:
der lauschige Garten der Gerbermühle

Frankfurter Liebling(e)

Der Historiker und Stadtführer Christian Setzepfandt kennt jeden Winkel in seiner Heimatstadt Frankfurt. Beim Hessenquiz des hr-Fernsehens durfte er nach einem Casting nicht starten. Er weiß einfach zu viel über die Geschichte, die Menschen und Plätze der Mainmetropole. Tatsächlich hat sich Setzepfandt seine Stadt akribisch und voller Begeisterung erlesen und erlaufen. So sind ihm auch Johann Wolfgang von Goethe und die Frauen immer einen Klatsch wert. Lili Schönemann, Maximiliane von La Roche und zuletzt Marianne von Willemer – der Dichter und Denker war kein Kostverächter!

Über die Alte Brücke spazierte der aus Weimar heimgekehrte Goethe im Sommer des Jahres 1814 immer wieder gern Richtung Osten der Stadt. Im Sonnenuntergang färbte sich die Flusslandschaft am Main gerade im Sommer in glühendes Rot – die ideale Atmosphäre und Umgebung für eine Romanze mit intellektuellem Anspruch. Und die Dame der Begierde findet der alternde Dichterfürst ausgerechnet – nach mehr als 17 Jahren in Weimar, Jena, Italien und Wien – während eines Aufenthalts in seiner alten Heimat Frankfurt am Main. Nur ein paar Schritte weiter flussaufwärts, nahe an der heutigen Staustufe Offenbach, der historische, herrlich gelegene Ort des Geschehens: die um 1520 erbaute Gerbermühle. Goethe liebt den Blick auf den Fluss, die Stadt, die Brücke und den Frankfurter Dom St. Bartholomäus. Und hier verliebt sich Goethe, mittlerweile 65 Jahre alt, in die 30-jährige Marianne von Willemer, Schauspielerin und Tänzerin aus Wien. Sie lebte seit ihrem 18. Lebensjahr mit dem Geheimrat und Pächter der Gerbermühle. Johann Jakob Willemer, in „wilder Ehe". Willemer hatte Marianne einige Jahre zuvor von der Bühne weg in sein Haus „Zum roten Männchen" geholt. Für die Frankfurter ein Skandal, Goethes Mutter meinte nur: Warum lasst Ihr dem alten Baron sein Vergnügen nicht?

ROMANZE AM MAIN

Willemer, ein eher schlechter Schreiber, verehrt Goethe und lädt ihn in die Gerbermühle ein. „Mondschein und Sonnenuntergänge; die auf Willemers Mühle ... unendlich schön", notiert der Dichter in sein Tagebuch. Ein Jahr nach der ersten Begegnung erreicht Goethe in Weimar die folgenschwere Einladung des Verehrers: „Erholen Sie sich doch bald von den Beschwerden des Winters zu Weimar an den Ufern des Mains. Sie könnten ja die Vor-Kur zu Oberrad einleiten und bei uns auf der Mühle wohnen. Platz ist genug da, und meine Frau und ich würden nie eine größere Freude empfunden haben wie die, Sie als Gastfreund bei uns zu sehen. Wenn Sie der Sonne müd sind, und der Arbeit, singt sie Ihnen von Ihren Liedern vor." Der Pächter der Gerbermühle spielte auf die Krankheit von Goethes Frau Christiane an. Sie hatte jüngst einen Schlaganfall erlitten und hätte sicher einen ruhigen Ort zur Erholung gebrauchen können. Doch der Dichter kommt allein in seine Heimat zurück und bleibt länger als vorgesehen. Morgens arbeitet er vor allem am vom persischen Dichter Hafis inspirierten Gedichtband „West-östlicher Diwan". Mittags speist man gemeinsam und flaniert am Nachmittag in der ländlichen Umgebung. Am Abend trägt Goethe seine tagsüber entstandenen Verse vor, und Marianne singt nicht nur seine Lieder, sondern tritt mit ihm in einen lyrischen Dialog.

GELEGENHEIT MACHT DIEBE

Kurz vor dem Ende dieses Besuchs gibt Goethe seiner Zuneigung zu Marianne Worte. Im ersten Hatem-Lied gesteht er: „Nicht Gelegenheit macht Diebe, Sie ist selbst der größte Dieb, denn sie stahl den Rest der Liebe, die mir noch im Herzen blieb". Marianne nimmt seine Wortwahl auf und schreibt zurück: „Hochbeglückt in Deiner Liebe, schelt ich nicht Gelegenheit, ward sie auch an Dir zum Diebe, wie mich solch ein Raub erfreut". Unter den zahlreichen Musen Goethes war Marianne die einzige Mitautorin eines seiner Werke. Der „Diwan" enthält auch – wie erst posthum bekannt wurde – einige Gedichte aus ihrer Feder. Goethe starb am 22. März 1832 in Weimar. Marianne sagte dazu, nachdem ihr die Nachricht überbracht wurde: „Gott hat mir diese Freundschaft gegeben. Er hat sie mir genommen. Ich muss Gott danken, dass sie mir so lange Zeit zu Teil ward." Wie viel Goethe ihr, und auch was sie für ihn und die Zeit auf der Gerbermühle bedeutet hatte, behielt Marianne bis zu ihrem Tod für sich.

Solche Geschichten, Anekdoten und noch viel mehr weiß der eine Frankfurter Liebling über den anderen zu erzählen. Am besten bei einem Spaziergang von Goethes Geburtshaus in der Innenstadt bis zur Gerbermühle an einem herrlichen Frühlingstag.

Gehen Sie auf Kult(o)ur!

Seit über dreißig Jahren führt der Historiker Christian Setzepfandt die unterschiedlichsten Gruppen bei thematischen Touren mal durchs jüdische Frankfurt, mal durch die Innenstadt oder die Stadtteile. Er begibt sich auf kriminalistische Spurensuche, entdeckt die schwulen Seiten der Stadt, gibt Einblicke in die Architektur und weiß einiges über die verruchten Frankfurter Lebenswege von Deutschlands berühmter Edelprostituieren, Rosemarie Nitribitt, zu erzählen. Setzepfandt spaziert mit seinen Kunden über den Hauptfriedhof, am Main entlang und auch immer wieder gern zu einer seiner Lieblingstouren in den Frankfurter Stadtteil Höchst. Mitreißend, informativ, spannend und immer mit einem Schuss Witz und Komik, die auch von einer lustigen englischen Teerunde älterer Damen stammen könnte, sind Setzepfandts Touren längst Kult. Zu finden unter **www.kultours.de**

Gerbermühle

Gerbermühlstraße 105
60594 Frankfurt-Oberrad
T 069 68977790
www.gerbermuehle.de

Spurensuche:
Christian Setzepfand am Grab der Goethe-Muse Marianne von Willemer auf dem Frankfurter Hauptfriedhof

Das Leuchten der Lämmer

Hinter jeder Tür erwartet die Gäste eine andere (Lebens-)Geschichte.

Goldman 25hours Hotel

Hotel-Geschichte(n), die das Leben schrieb

IM FABELHAFTEN GOLDMAN 25HOURS HOTEL erzählen 49 Zimmerpaten, darunter Kabarettist Vince Ebert, Zirkuschef André Sarrasani, Sterne-Koch Mario Lohninger oder ein russisches Pferd ihre ganz persönlichen Geschichten: Komisches aus dem Physik-Labor, von der Liebe zum Meer oder zur Schokolade, von Freundschaft, vom Sinn des Widerstands oder Reisen zu sich selbst. So steckt das international ausgezeichnete Hotel – das Reisemagazin Geo Saison listet das Goldman 25hours Hotel unter den 100 besten Hotels Deutschlands – innen und außen voller Lebenslust und Lebensweisheit. Die Paten, allesamt kreative Menschen, die ihre Stadt Frankfurt am Main sehr lieben und ihr verbunden sind, haben ihre Geschichten erzählt. Sie wurden von den Hotel-Designern Delphine Buhro und Michael Dreher umgesetzt und interpretiert. Entstanden ist eine fantasievolle Inszenierung von Licht, von Farben und Formen bis in den letzten Winkel des Hotels. Ein ganzes Jahr ist vergangen, bis alle Hotelzimmer eingerichtet waren. Ein Jahr, in dem auch die Zimmerpaten und -patinnen Hand anlegten. Eine stellte eine Bibliothek mit Büchern zusammen, die sie für empfehlenswert hielt. Es gibt aber auch einen Flakon mit Sand, der nicht von irgendeinem Strand stammt, sondern genau von der Stelle, an der eine der Patinnen den Ort ihrer Zeugung vermutet. Ein Jahr, in dem auch das opulente Buch „Tausend tolle Sachen – Das fabelhafte Hotel Goldman" des viel zu früh verstorbenen Frankfurter Journalisten Thorben Leo und der Frankfurter Fotografin Angelika Zinzow über die Menschen und Geschichten des Designhotels entstand.

Das Geheimnis des blauen Zimmers

Hotellobby: Hier geht Ihnen ein Licht auf!

Momentaufnahmen aus dem Leben

Delphine Buhro und Michael Dreher haben im Goldman 25hours Hotel 49 Zimmer nach den persönlichen Geschichten von 49 Zimmerpaten und einem Koch gestaltet. Dabei ist das Designer-Duo ganz neue Wege der Ausstattung und Inszenierung gegangen.

Wo haben Sie sich kennengelernt?

Michael Dreher: Begegnet sind wir uns an der Hochschule für Gestaltung in Offenbach. Begegnet, mehr nicht!

Delphine Buhro: Ich habe Malerei studiert, Michael Dreher Bildhauerei. Erst Ardi Goldman, Immobilien- und Stadtteilentwickler, Gastronom und Integrator in Personalunion, brachte uns für eine seiner Herzensangelegenheiten zusammen: das Goldman 25hours Hotel.

Wie nähert man sich als Malerin und Bildhauer der Aufgabe, ein Hotel einzurichten?

Delphine Buhro: Die Aufgabe war keine einfache, aber eine sehr reizvolle. 49 Menschen. 49 pesönliche Geschichten. 49 einzigartige Zimmer – aber bei der gestalterischen Ideenfindung und -umsetzung ergänzten sich männlich und weiblich, Yin und Yang, Malerei und Bildhauerei perfekt.

Michael Dreher: Es war eine interessante Aufgabe, nicht den Menschen ein Denkmal zu setzen, die in Frankfurt ständig in den Medien besprochen werden, sondern denjenigen, die hier ihr ganz persönliches Rädchen drehen.

Wie erzählt man Geschichten von Liebe, Lust und Leidenschaft gestalterisch?

Delphine Buhro: Ein wichtiger und inspirierender Aspekt unserer Arbeit war es, alle die Menschen zu treffen, die uns ihre ganz persönlichen Geschichten erzählt haben. Immer waren es Momentaufnahmen eines Lebens, die wir dann umsetzen wollten … und mussten! Bei manchen Zimmerpaten war das unkompliziert, bei anderen sind wir erst in langen Gesprächen auf den Kern der Story gestoßen. Rückblickend kann ich sagen, dass alle, die mitgewirkt haben, an einem Wendepunkt in ihrem Leben standen. Das macht die Geschichten noch viel spannender.

Michael Dreher: Zunächst lag es nahe, das individuelle Interieur nicht in den stadtbekannten Designer-Shops zusammenzukaufen. Wir wollten mit der Hotelgestaltung ein Zeichen setzen gegen das Konglomerat des Globalisierungswahns. Design von der Stange – das hat der weitgereiste Gast doch schon hunderte Male gesehen. Namedropping und immer das Neueste vom Neuesten – das ist nicht unser Design-Ding. Egal ob 2.000 oder 20 Euro – es kommt doch vielmehr darauf an, das richtige Objekt an den richtigen Platz zu stellen. Damit spricht man das Herz und die Seele des Gastes an.

Delphine Buhro: Deswegen waren es Flohmärkte, Second-Möbel-Läden und Entrümpelungsdienste in der ganzen Republik, kleine, aber feine Möbelmanufakturen europaweit und viele, viele Eigenarbeiten, die wir zu einem harmonischen, vielsagenden Interieur im Goldman 25hours Hotel zusammengefügt und so – hoffentlich – wunderbare Erlebniswelten für die Gäste geschaffen haben. Wir haben uns einfach alles, alles angeschaut. Seither waren wir allerdings auch auf keinem Flohmarkt mehr.

Was haben Sie aus den gehobenen Schätzen alles gemacht?

Michael Dreher: 158 Tischlampen gebaut. 49 Collagen gemacht, 196 unterschiedliche Dekorationsstoffe ausgesucht und jedes Zimmer als ein Unikat inszeniert zum Beispiel.

Ist das Goldman 25hours Hotel Ihr Herzblut-Hotel?

Michael Dreher: Das kann man wohl sagen. Die Arbeit war ein Selbsterkenntnis-Prozess.

Delphine Buhro: Ja, ja und noch einmal ja! Schließlich haben wir daran fast zwei Jahre lang mitgearbeitet. Und die Zusammenarbeit mit Michael Dreher war schon toll. Jeder wusste vom anderen recht schnell, wo dessen Stärken und Schwächen liegen, und bei der gemeinsamen Arbeit haben wir uns konstruktiv ergänzt. Schließlich haben wir während der Gestaltungsphase mehr Zeit miteinander verbracht als mit unseren Lebenspartnern. Wir wurden sogar gefragt, ob wir nun auch privat ein Paar seien, so oft wie man uns zusammen sah.

Michael Dreher: Sagen wir mal so: Wir haben ein liebendes Arbeitsverhältnis, wir schätzen gegenseitig unsere Arbeit, lassen uns aber unsere Unabhängigkeit und Freiheit. Und diese gemeinsame Arbeit, egal ob Goldman 25hours Hotel oder Jeanshotel, fehlt mir jetzt schon.

Delphine Buhro: Mit unserem Raumdesign haben wir Räume geschaffen, die Wärme geben, in denen sich der Gast – hoffentlich – persönlich angesprochen und wie zu Hause fühlen kann.

Wie hat die Arbeit im Goldman 25hours Hotel Ihr Leben und Ihre Karriere beeinflusst?

Michael Dreher: Wir haben gleich im Anschluss das 25hours by Levi's in der Niddastraße gestaltet. Ein völlig anderes Konzept, aber wir konnten dort ebenfalls unsere Gestaltungsideen sehr frei umsetzen. Dann haben wir eine Wohnung in Nizza eingerichtet. Der Auftraggeber war zuvor Gast im Goldman und vom Interieur so begeistert, dass er uns vom Fleck weg engagiert hat.

Zukunftspläne?

Michael Dreher: Ich mäandere eher durchs Leben als zu planen. Ich lasse mich überraschen und bin einfach gespannt, was als Nächstes kommt.

Delphine Buhro: Hotels immer wieder gern, und immer wieder gern in der Konstellation Dreher-Buhro. Uns geht es aber nicht nur darum, „schöne" Hotels einzurichten, sondern darum, eine Stadt von ihrer schönsten Seite zu zeigen. Wenn über sie positiv geredet wird.

Goldman 25hours Hotel
Hanauer Landstraße 127
Frankfurt-Ostend
T 069 405 868 90
www.25hours-hotels.com

Hamburger Hof

Lobby des Hamburger Hofs:
vermittelt einfach ein gutes Raumgefühl

Ganz schön ausgeschlafenes Interieur

Chic. Charmant. Central.

WENIGE MINUTEN VOM AIRPORT, EIN PAAR SCHRITTE VOM HAUPTBAHNHOF, WENIGE MINUTEN ZUR CITY – der Hamburger Hof liegt mitten im Herzen der Mainmetropole. Lean und clean mit einigen Hinguckern wie transparentem Flaschenregal, roten Barhockern und ebensolchen Hochlehnern im Frühstücksraum, aufwändige Blumen- und Pflanzenarrangements, so empfängt das Hotel seine Gäste in der von Designer's House umgebauten und neu designten Lobby.

Frau Moes, welchen Anforderungen und Kriterien der Gäste muss heute ein Hotel entsprechen?
Das Hotel muss den Erwartungshaltungen der Gäste hinsichtlich Hotelkategorie und Aufenthaltszweck entsprechen. Der Eingangsbereich (Lobby) entscheidet dabei meist über den ersten Eindruck und sollte daher in seiner Ausstrahlung, in seiner Atmosphäre, in Design und Wertigkeit einen hohen Stellenwert beim Gestalten haben. An zweiter Stelle stehen Gästezimmer und Bad, die ausreichend Platz bieten, alle im Prospekt angekündigten Ausstattungsmerkmale/Funktionen erfüllen müssen und nach Möglichkeit einen individuellen, unverwechselbaren, positiven Gesamteindruck erzeugen sollten.

Worauf legen Sie als Innenarchitektin bei der (Neu-)Gestaltung eines Hotels Ihr Augenmerk besonders?
Selbstverständlich und an erster Stelle stehen Preis-Leistungs-Verhältnis, Funktionalität und Langlebigkeit der Ausstattung. Bei der Fülle der Hotelangebote sollte das Design eine individuelle Note erhalten, wodurch sich das Haus vom breiten Angebot abhebt. Entscheidend ist es, bei den Gästen den größtmöglichen Wohlfühlfaktor zu erreichen, indem man auf eine gemütliche , private Atmosphäre achtet.

In welcher Art Hotel übernachten Sie persönlich am liebsten?
Individuelle, feine kleine Hotels mit hochwertiger, privater Atmosphäre, mit viel Liebe und Geschmack in der Detaildekoration, mit atmosphärisch betonten Lichtsituationen, mit angenehmem, unaufdringlichem Duft, mit großem, komfortablem Bad mit warmen Farben und Materialien und viel Ablagemöglichkeit am Waschtisch.

Ein Fall für Freunde

István Sztani erreichte das, was nur ganz wenigen Eintracht-Profis vergönnt war: den deutschen Meistertitel 1959. Der Torschütze aus dem Finale spielte von 1957 bis 1959 und von 1965 bis 1968 bei der Eintracht. Nach seiner aktiven Karriere arbeitete er als Trainer bei mehreren belgischen und deutschen Vereinen.

Als 1956 sowjetische Panzer den ungarischen Volksaufstand niederkämpften, befand sich der junge István Sztani gerade mit der ungarischen U-19-Nationalmannschaft auf Länderspielreise im Westen. Wie einige Mannschaftskollegen beschloss auch er, nicht nach Hause zurückzukehren, sondern bei Vereinen im Westen zu bleiben. Der junge István träumte von Freiheit, Karriere und einem eigenen Auto. „Ein Karman Ghia war mein Traum!" Sein erster Club: Eintracht Frankfurt. Hier begann seine große Karriere und eine große Eintracht-Ära, die István Sztani mit dem Gewinn der Deutschen Meisterschaft 1959 krönte.

BERLIN: MEHR ALS 90 MINUTEN

Beim Meisterspiel startet die Eintracht furios: Bereits nach 20 Sekunden erzielt Sztani auf Flanke von Kreß das 1:0. Doch der Offenbacher Konter ließ nicht lange auf sich warten. In der siebten Minute erzielt Kraus das 1:1. Nur sechs Minuten später ist es Feigenspan, der die Eintracht nach einer Ecke von Lindner wieder in Führung bringt. Diesmal dauert es elf Minuten bis zum Ausgleich. Dieser Spielstand hat bis zum Ende der regulären Spielzeit Bestand. In der Verlängerung verwandelt Feigenspan einen Elfmeter zum 3:2. In der 106. Minute dann die Vorentscheidung: Nach einer Lindner-Flanke kann Sztani das 4:2 erzielen. Zwei Minuten später verkürzt Gast zwar noch einmal auf 4:3, aber in der 117. Minute ist es erneut Feigenspan, der eine Vorlage von Kreß zum 5:3-Endstand vollendet. Damit ist die Eintracht Deutscher Meister 1959. Seither ist ein halbes Jahrhundert vergangen. Und die „launische Diva" Eintracht Frankfurt hat keinen Meistertitel mehr geholt.

AUS LIEBE ZUM SPIEL WIRD FREUNDSCHAFT

Auch wenn Sztani in der folgenden Saison für „großes Geld" zu Standard Lüttich verkauft wurde – Frankfurt und die Eintracht (zu der er 1965 zurückkehrte) ließen ihn nicht mehr los. Um die Ablösesumme zusammenzubringen, fand im Stadion am Riederwald ein Freundschaftsspiel Eintracht Frankfurt – Standard Lüttich statt. Die belgische Mannschaft wohnte im Hotel Hamburger Hof, mit dem auch István Sztani einige bleibende Erinnerungen verbindet. Zum Beispiel an die Alsterbar, damaliger Hot Spot imFrankfurter Nachtleben. Die Fußball-Legende erinnert sich augenzwinkernd: „In der Alsterbar waren so viele schöne Frauen." Wen wundert es, dass die jungen Eintracht-Spieler hier gern einkehrten? Den Grundstein zu ihrer langjährigen Freundschaft legten Hotelier Harry Schnabel, der mit seinem Bruder Jakob den Hamburger Hof erst 1988 übernahm, und der deutsche Fußball-Meister István Sztani allerdings nicht im Hamburger Hof, vielmehr auf dem Fußballplatz.

> ***„Wie jeder fußballbegeisterte Junge war ich selbstverständlich Eintracht-Fan."***
> *Harry Schnabel*

NUR WER ALLES GIBT, KANN ALLES FORDERN!

Der eine kam nach seiner internationalen Karriere 1968 als Spielertrainer zu Makkabi Frankfurt, dem ersten Multikulti-Sportverein Frankfurts. Der andere kickte damals in der ersten Mannschaft des Vereins auf Bezirksliga-Niveau. „Als ich zusammen mit Sztani auf dem Spielfeld stehen durfte, ging für mich ein Kindheitstraum in Erfüllung", sagt Hotelier und Fußball-Aficionado Harry Schnabel heute. Um die internationale Truppe auf Trab zu bringen, musste sich Spielertrainer Sztani einiges einfallen lassen. „Ich habe ihn wegen seines ungarischen Charmes und seines ‚Laissez-nous-faire' geschätzt. Er war kein biederer Jugendtrainer, der uns hätte disziplinieren wollen, vielmehr ein Künstler am Ball ... und der Motivation", erinnert sich Schnabel. „Er war nämlich nicht nur unser Idol, vielmehr konnte er mit seiner humorvollen Art und schlagfertigen Provokationen das Beste aus uns herausholen. Ich glaube, das war für die damalige Zeit ein sehr ungewöhnlicher Trainerstil". Der Deutsche Meister ergänzt schmunzelnd: „Diese Makkabi-Mannschaft, das waren mindestens elf schlampige Genies, die ich dazu bringen musste, für mich zu laufen und ihre Talente für die Mannschaft dienlich einzusetzen. Nicht immer einfach!"

FRANKFURTER LÄNDERSPIELE

Aber István Sztani weiß die Fußball-Primadonnen mit Spaß an der Freude statt Druck und Disziplin ins Laufen zu bringen. Er formt die ballverliebten Individualisten der Mulitkulti-Truppe, in der Lokal-Matadoren wie Ossi Hoppe oder Marcel Avram spielten, zu einem Team. Auch die Nummer 11, Harry Schnabel („der war wirklich kein Techniker, aber schnell war er"), fühlt sich in dieser „etwas anderen" Elf wohl. Wie alle spurtet er, holt die Bälle und liefert diszipliniert saubere Vorlagen für den Alt-Meister, wenn der selbst – „wenn es mal brenzlig wurde" – ein aktives Gastspiel auf dem Platz gibt. Und der Profi-Torjäger versenkt so manchen Ball bei „Länderspielen" gegen lokale Clubs wie Bonames oder Oberrad im gegnerischen Tor. Noch heute sind Sztani und Schnabel gute Freunde – die sich nicht nur regelmäßig auf der Tribüne bei Eintracht-Derbys treffen.

Eingeschworene Eintrachtler:
István Sztani (l) und Harry Schnabel (r)

Satz und Sieg für die Liebe

Eine ausgeglichene Bilanz gegen Boris Becker, ATP-Top-100-Doppelspieler, Rang 101 als Einzelspieler der ATP-Tour – der Schwede Christer Allgardh hat als Profi zehn Jahre lang mit und gegen die größten Tennisstars der 1980er und 1990er Jahre gespielt. Mit Tennislegende Boris Becker stand er schon als 14-Jähriger bei den Jugend-Europameisterschaften im Court – und hat ihn vom Platz gefegt. „Ich habe damals das entscheidende Spiel gegen Boris gewonnen, und wir Schweden konnten das Turnier für uns entscheiden". Die Revanche folgte zwei Jahre später. Bei den Deutschen Jugendmeisterschaften in Berlin gewann Becker dann in drei Sätzen. „Wilander, Edberg – es gab zu meiner aktiven Zeit viele gute schwedische Spieler, ich habe es in der schwedischen Rangliste immerhin meist unter die ersten zehn Spieler geschafft." 1995 war dann Schluss mit der Profikarriere. „Zehn Jahre im Tenniszirkus – und es ist ein richtiger Zirkus – das war sehr anstrengend und hat viel Kraft gekostet", resümiert der Ex-Profi heute. Nach Frankfurt und in die Region Rhein-Main ist der – allen Klischees zum Trotz – dunkelhaarige Athlet mit rehbraunen Augen zwar nicht der Liebe wegen gekommen, aber der Liebe wegen – zu seiner damaligen Freundin, dann zu seiner Tochter – bis heute treu geblieben.

ALLGARDH PUNKTET FÜR FRANKFURT

In Frankfurt war Allgardh bei renommierten Clubs wie SAFO oder TC Palmengarten oder Makkabi Frankfurt beliebter Trainer und Mannschaftsspieler. Nur einmal war er der Region in dieser Zeit untreu: 2005 wechselte er in die Jungsenioren-Bundesliga-Mannschaft des Berliner Clubs SCC Marienhof, der einer der populärsten Tennisvereine Berlins ist. Der Grund: „Damals spielten fünf Schweden, darunter Top-Ten-Spieler und Sportkameraden wie Magnus Larsson und Magnus Gustafsson, in der Mannschaft. Das war natürlich neben der Aussicht auf den sportlichen Erfolg auch eine Riesengaudi, mit meinen Landsleuten zu den Turnieren zu fahren und zu spielen." Das Mannschaftsziel und damit Highlight in der Vereinsgeschichte „Deutscher Meister 2005" erreichte das Team übrigens souverän. Seit 2008 lebt und arbeitet Christer Allgardh wieder in Schweden als Trainer und Spieler. Zu den Tennis-Medenspielen ist er aber immer wieder auch ein gern gebuchter Mannschaftsspieler in Frankfurt und der Region, im Jahr 2009 für den TC Palmengarten.

PAPA IST DER BESTE

Mit zum Interview gekommen ist Kajsa, was in Schwedisch so viel heißt wie „kleine Karin". Das wussten aber Christer Allgardh und seine damalige Freundin Karin nicht, als sie ihrer kleinen Tochter vor zwölf Jahren diesen Namen gaben. Das Verhältnis von Vater und Tochter ist blendend, das sieht man. Alle acht oder 14 Tage treffen sich die beiden am Wochenende – meist im Hamburger Hof. Kajsa spricht fließend Schwedisch, in die Fußstapfen des Papas oder gar eine zweite Steffi Graf möchte sie aber nicht werden. „Tennis spiele ich eher zum Vergnügen", sagt die hübsche, aufgeweckte 12-Jährige, die Papas dunkle Augen geerbt hat. Aber ganz ohne Tennis geht es dann bei Familie Allgardh auch nicht: Mit dem Papa hat Kajsa schon als Bambina die Tennisbälle übers Netz geschlagen und seit 2008 trainiert sie richtig – ihre ersten Medenspiele in der Jugendmannschaft standen 2008 an. „Stadtbummel oder Shoppen mit Papa macht aber mehr Spaß". Der Vater hört's und seufzt. „Da braucht man schon Geduld, wenn man mit der Tochter in der Frankfurter City unterwegs ist. Es wäre mal eine gute Idee, wenn es in den angesagten Geschäften einen gemütlichen Platz, also einen Abstellplatz für Männer, geben würde", wünscht sich der Shopping-geplagte Papa.

FAMILIENLEBEN IM HOTEL

„Wohnen im Hotel mit Papa ist cool", findet die 12-jährige Kajsa. „Ist ein bisschen wie im Urlaub. Wir können lange schlafen, gemütlich frühstücken, zusammen essen ... und zusammen einkaufen gehen." Im Hotel Hamburger Hof fühlen sich die beiden schon fast wie zu Hause. „Die Leute hier, egal ob beim Einchecken, beim Frühstück oder vom Service, sind total nett und die Atmosphäre sehr familiär. Deswegen kommen wir immer wieder gern hierher", ergänzt der Papa.

„Ich bin tennisverrückt. Keine andere Sportart ist so anspruchsvoll, so schwer zu erlernen und zu beherrschen. Beim Tennis lernt man nie aus."

Christer Allgardh

Hotel Hamburger Hof

Poststraße 10–12

60329 Frankfurt-Bahnhofsviertel

T 069 27139690

www.hamburgerhof.com

Innside Premium Suites Eurotheum

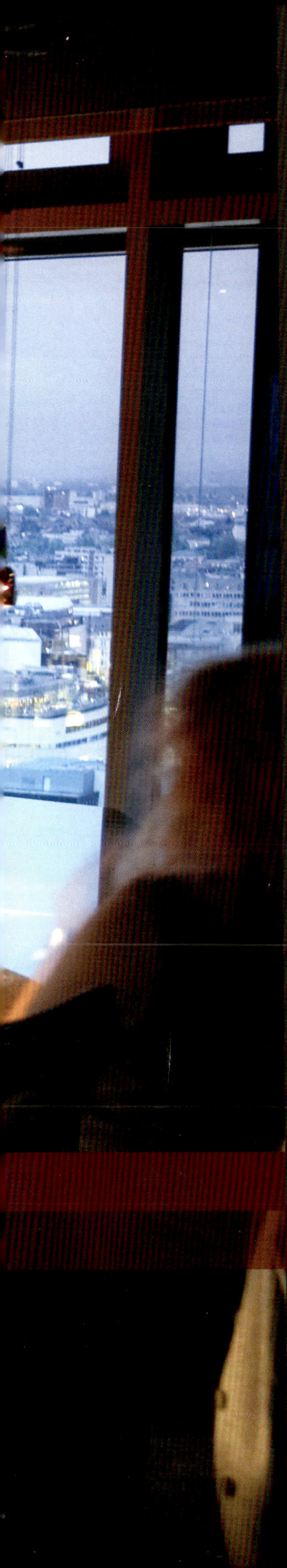

22nd Lounge:
Blue Hour über den Wolken

Spektakuläre Kulisse:
die illuminierten Kathedralen des Kapitals
Down town Mainhattan

Schöner wohnen:
Luxussuite im Innside Premium Suites Erotheum

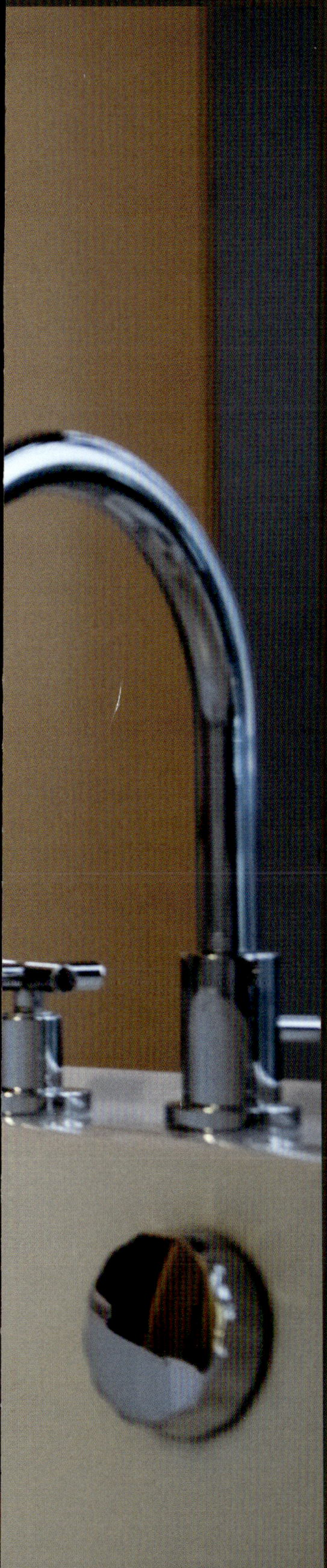

Luft-Schloss

DURCH DAS FOYER DES EUROTHEUMS, EINER KATHEDRALE DER MODERNE, FÜHRT DER WEG ZUM GLÄSERNEN AUSSENLIFT. Er bringt die Gäste in Sekundenschnelle hinauf in die 22. Etage. Exklusiver kann man über den Dächern der Mainmetropole kaum übernachten. In den Innside Premium Suites Eurotheum, dem höchstgelegenen Hotel der Stadt, finden Weltenbummler, Business Traveller und City-Hopper 74 exklusive, lichtdurchflutete Designer-Zimmer und Suiten in fünf Stilrichtungen, neun Grundrisse und eine unvergleichbare Vollausstattung. Queensize- und Kingsize-Betten mit beispielhaftem Schlafkomfort und ausgefallene Badlandschaften sorgen fürs Wohlbefinden über den Wolken. Die Doppelglasfassade mit zu öffnenden bodentiefen Fenstern gibt den fantastischen Rundblick auf die illuminierte Alte Oper, das Umland und den Fluss sowie winkende Nachbarn in den Wolkenkratzern der Umgebung frei. Highlight für Hotelgäste, Frankfurter und internationale Szenegänger: die 22nd Bar, mit viel Holz, Lederbänken, bordeauxroten und goldenen Wänden. An diesem exponierten Platz über den Wolken ist man, mit einem coolen Cocktail von der ausgezeichnet sortierten Karte in der Hand, dem Himmel wirklich ein Stück näher.

Herr der Lüfte

Klettern ist sein Leben. Je extremer, desto lieber. Uwe Piur kennt jede Steilwand zwischen Thüringen und China. Im Alltag verdient er sein Brot auch als Cliffhanger – egal ob am Frankfurter Dom oder am Flughafen, am Pollux-Wolkenkratzer oder am höchstgelegenen Hotel Frankfurts, dem Innside Premium Suites Eurotheum. Uwe Piur, ein Pionier des Industriekletterns, das mittlerweile ein eingetragener Beruf bei der Industrie- und Handelskammer ist. Die außergewöhnlichen Serviceleistungen wie Fassaden- und Fensterreinigung oder Sanierungsarbeiten in schwindelerregender Höhe sind ein voller Erfolg, denn vor Uwe Piur bot niemand in Deutschland eine solche Dienstleistung an. Die Aufträge als Industriekletterer, der in die schwierigsten Winkel eines noch so hohen und kompliziert gebauten Gebäudes gelangt, laufen bestens. So gut, dass der 50-Jährige in seiner Firma Pigo Extremtechnik weitere acht sportliche Handwerkerkollegen in Vollzeit beschäftigen kann und zum Marktführer in Deutschland avanciert ist. Rund 60.000 Quadratmeter schwer zu reinigendes Glas putzen die Profis im Jahr. Allein am Frankfurter Flughafen haben die professionellen Klettermaxe zweimal jährlich für mehrere Wochen zu tun.

Wie fühlt man sich in schwindelerregenden Höhen?

„Ich bewege mich in 100 Metern Höhe genauso sicher wie auf dem Boden. Das berufliche Klettern und Arbeiten in großen Höhen ist Routine. Bei der privaten Kletterei ist das anders. Es gibt keine Wand, die man zu 100 Prozent beherrscht. Es sind die steilen, schwierigen Felswände, weniger die hohen Berge, die mich reizen. Und dort ist Klettern für mich einerseits eine Herausforderung. Andererseits ist Klettern in der freien Natur ein meditatives Tun, bei dem man einhundert Prozent konzentriert sein muss."

Wie kamen Sie auf die Idee, Gebäude in solchen Höhen zu reinigen, Reparaturen auszuführen?

„Klettern ist mein Leben. Die Idee, mein Hobby zu meinem Beruf zu machen, entstand nach meiner Flucht aus meiner Heimat Eisenach in der ehemaligen DDR – vierzehn Tage vor der „Wende" 1989. Ich dachte mir, dass es in einer Stadt wie Frankfurt mit den vielen Hochhäusern, dem Flughafen, der Messe und anderen repräsentativen Bauten mit gigantischen Glasfassaden und enormen Fensterflächen einen Bedarf an Extremkletterern geben müsste. Ich habe zunächst Kirchen, Hotels, Banken, öffentliche Gebäude, aber auch Reinigungsfirmen angeschrieben und mein außergewöhnliches Know-how angeboten – nämlich überall dort hinzugelangen, wo man mit Leitern, Hubwagen oder sonstigen Hilfsmitteln keinen Zugang hat, zum Beispiel um sauberzumachen, die Dachschindeln zu wechseln oder einen Blitzableiter einzubauen. Mein Unternehmen bietet aber auch Denkmalpflege in luftigen Höhen an, richtet Taubenabwehr ein, saniert Beton oder repariert Turmuhren."

Warum kommen herkömmliche Fensterputzer bei einem Gebäude, beispielsweise dem Innside Eurotheum, nicht in alle Ecken?

„Das Hotel lebt von seiner tollen Glasfront. Die Zimmer haben Fenster, die von der Decke bis zum Boden reichen. Da muss natürlich alles blitzblank sein. Die Architektur des Hauses erfordert an manchen Plätzen unser Können. Es gibt eine Stelle in der Front, etwa in Höhe der 22nd Bar, die nach innen geht. Dort kommen die Kollegen aus einem Korb mit den Händen nicht hin. Wir schon!"

Gibt es für Extremkletterer wie Sie eigentlich eine Lebens- und Unfallversicherung?

„In der Industriekletterie passieren selten Unfälle, ein Risiko aber bleibt. Mir ist im Job allerdings noch nie etwas passiert. Es gibt für uns zwar eine Lebens- und Unfallversicherung, bei der seit Kurzem verstärkt nach den Risiken gefragt wird. Aber die beste Versicherung ist, dass wir uns bei allen Tätigkeiten mit einer Doppelseiltechnik absichern und immer zu zweit arbeiten. Die Sicherung durch ein festgebundenes Seil ist so sicher wie das Amen in der Kirche.

Wie halten Sie sich fit für Ihren Beruf?

„Ich trainiere zusätzlich zu meiner Arbeit mehrmals die Woche draußen an Felsen, im Winter in der T-Hall in Frankfurt-Fechenheim. Mit 67 Kilogramm halte ich für einen Kletterer meiner Größe ein recht gutes Gewicht. Wichtiger ist jedoch die tägliche Herausforderung. Dabei geht es nicht darum, wie hoch ein zu erreichender Ort ist. Noch immer ist, anders als beim Bergsteigen, der Weg ist bei unserer Sportart das schönste Ziel. Der Schwierigkeitsgrad weckt den sportlichen Ehrgeiz – egal ob im Job oder privat."

„Der Weg ist immer noch das schönste Ziel."

Uwe Piur

Was waren Ihre bisher spektakulärsten Aufstiege?

Beruflich war das die Steinsanierung am Turm des Frankfurter Doms und die Arbeit am 180 Meter hohen Pollux, da haben wir die Fassade von oben nach unten geputzt. Privat war es der Aufstieg auf eine 900 Meter hohe Steilwand in Norwegen. Die ragt über einem Fjord auf, und ich habe fast 14 Stunden hinauf und wieder hinunter gebraucht. Es war ein unbeschreibliches Gefühl, absolut gigantisch, dort oben zu stehen. Das kann ich nicht beschreiben, das muss man selbst erlebt haben."

Welche Gipfel oder Höhen möchten Sie noch einmal erklimmen?

„In Madagaskar gibt es Felsen direkt am Meer in einmaligem Ambiente. In Planung ist gerade auch eine Reise nach China. Dort gibt es ein noch nicht sehr bekanntes Klettergebiet mit steilen, überhängenden Stalaktiten-Felsen. Da möchte ich auch hinauf. Außerdem reizt mich China als Kulturland."

Innside Premium Suites Eurotheum

Neue Mainzer Straße 66–67

60311 Frankfurt-City

T 069 210880

www.innside.de

25hours Hotel tailored by Levi's

Klönen, Zeitung lesen, Musik hören, Leute gucken und Leute kennenlernen im Red Tab, dem Wohnzimmer im WG-Style

American Dream:
These Boots Are Made For Lightning

„25hours ist eine junge Hotelidee, die zeitgemäße Antworten auf die Anforderungen urbaner, kosmopolitischer Gäste sucht. Wir verkaufen nicht nur funktionale Hotelzimmer, sondern Hotelwelten, die den ***Rückzug vom Großstadtdschungel*** *mit Kommunikation, Ästhetik, Nonchalance und Neugierde verbinden."*

Henning Weiss

Bed and Branding: Das 25hours Hotel by Levi's greift Mode, Kunst und Kultur aus sechs Dekaden auf und hat dabei immer die Marke Levi's im Blickpunkt.

Check in and find out!

VIELE GUTE GESCHICHTEN BEGINNEN MIT: Es war einmal ... Beispielsweise eine kreative Männerrunde, die sich bei einer Flasche Rotwein traf. Bauherr Ardi Goldman, Hotel-Manager Henning Weiss und der damalige Levi's-Geschäftsführer Michael Strehler wollten auf gute Nachbarschaft anstoßen. Denn next door zum geplanten Hotel war die neue Europazentrale des Jeans-Konzerns eingezogen. Bei dieser einen Flasche Rotwein blieb es nicht, vielmehr wurde bei einigen weiteren eine Kooperation erdacht. Wie drei riesige Schachteln – mit entsprechenden Aufdrucken aus der Symbolsprache des Paketversands, in denen Jeans ausgeliefert werden – so sieht das 25hours Hotel tailored by Levi's von der Seite betrachtet nun aus.

Architekt Karl Dudler hat die entkernte ehemalige Pelzfabrik sehr geradlinig neu erstehen lassen. Vom alten Gebäude sind allein die schönen Terrazzo-Treppenhäuser und die Treppengeländer geblieben. Das Frankfurter Designer-Duo Michael Dreher und Delphine Buhro inszenieren hier den Stil von sechs Jahrzehnten Jeans-Kultur und laden ein zu einer assoziativen Reise durch das Lebensgefühl der 1930er bis 1980er Jahre. Auf sechs unterschiedlich gestalteten Etagen immer dabei: der Zeitgeist der Kultmarke Levi's. Die legendären Cowboy-Hosen pur gibt's im 25hours Hotel by Levi's aber nur an drei Stellen: wie fallengelassen als Dekoration in der Lobby und an Kleiderhaken im Zimmer sowie in Form von Gesäßtaschen mit aufgedruckten Nummern neben den Zimmertüren. Ansonsten hat man sich dem Thema Jeans eher abstrakt mit verschiedenen Blautönen gewidmet, Stoff-Textur findet sich in den Strukturtapeten oder dem Teppichboden der Zimmer wieder. Konstante in allen Zimmern: ein blaues Bad mit rotem Naturstein-Waschbecken, der Red Tab des Wohnraums. Übrigens: Die jeansblaue Farbe war kaum trocken, da wurde das Hotel schon zur „Hotelimmobilie des Jahres 2008" gekürt.

MIBISS

Frankfurter Hit-Parade

Wagner Love. Ein Bandname, der irritiert und zu verwegenen Interpretationen verleitet. Das Love scheint dabei eindeutig. Wagner-Love-Songs sind Songs über die Liebe in all ihren Facetten. Körperliche Anziehungskraft, geistige Verbundenheit, Gewinnen und Verlieren. Der Wagner gibt mehr Rätsel auf. Ist es Richard Wagner, der große Romantiker, oder – wie Witzbolde vermuten – doch die Liebe der Musiker zu Pizza aus dem Steinofen, der hier eine Reverenz erwiesen wird? Beides kann man getrost streichen. Ein dunkelhäutiger brasilianischer Fußballspieler namens Vágner Love, der für ZSKA Moskau spielt und für geballte brasilianische Offensivkraft steht, ist Namenspate für die Band.

Oder um es auf den Punkt zu bringen: Wenn Wagner Love die verschiedensten Stile der Musikgeschichte aufgreift, die die vier Musiker in ihrer doch sehr unterschiedlichen musikalischen Sozialisation geprägt haben, dann könnte man den Vater Pop und die Mutter Soul nennen, die ihren zahlreichen Kindern Namen wie R&B, Rock und Dance gegeben haben. Mit Roland Spremberg fand man in Deutschland den richtigen Mann, der einen spielerischen Umgang mit dem handgemachten Sound der Vier im Studio arrangierte und die Band dabei unterstützte, dass der Sound organisch blieb und ganz persönliches Profil bekam. Mit ihrem Sound sind Wagner Love gerade „Big in Japan" und in Frankfurt.

„Coole Idee von Henning Weiss, jungen Bands einen hochwertig ausgestatteten Proberaum zur Verfügung zu stellen und die Möglichkeit für einen Gig zu bieten."
Tillmann Kölner

BIG IN JAPAN

Im Spätsommer 2003 trafen sich Jacob Vetter (Gesang, Gitarre), die Brüder Ravel (Keyboards) und Marcel Meeth (Schlagzeug) sowie Tilmann Köllner (Bass), um zunächst als „Rotariklub" in den Frankfurter Clubs erste Erfolge zu feiern und Lästermäulern, die glaubten, bei den vier jungen Männern handele es sich um eine Boygroup, zu beweisen, dass sie eher der Musik eines Cody Chesnutt oder Lenny Kravitz nahestanden. Als Wagner Love firmieren sie bei myspace unter Pop/Soul/Club, bringen aber auch den Begriff Disco ins Spiel. „Sich in Deutschland zu tanzbarer Popmusik zu bekennen, war bisher eher peinlich", sagen die Wagner-Love-Musiker. Für sie ist der Begriff Disco aber schon lange wieder hoffähig.

CHART-STÜRMER

Fast vier Wochen waren die Herzblut-Musiker auf Platz eins in den japanischen Radiocharts, hatten bei ihrer ersten Tournee 2009 durch das Land des Lächelns eine Woche lang jeden Abend ein Konzert. Wie Rockstars wurden die vier Wiesbadener Musiker gefeiert. „Das Publikum war bei jedem Auftritt voll da, die hingen an unseren Lippen, viele konnten unsere Songs sogar mitsingen", erzählt Tilmann Köllner. Und fügt augenzwinkernd hinzu: „Die Mädels warteten mit kleinen Geschenken backstage". Unvergesslich: ein Erlebnis der Combo in der Karaoke-Bar. „Wir konnten unsere eigenen Songs aus dem Programm der Musikmaschine wählen und haben natürlich nach Kräften mitgesungen. Das hat unsere Nachbarn neugierig gemacht und schlussendlich haben wir zusammen mit den Japanern unsere Songs gesungen, auf den Tischen getanzt, richtig Gas gegeben – was in Japan so ja nicht üblich ist. Wir hatten eine super gute Zeit", so die vier von Wagner Love unisono.

ICH WILL EINMAL EIN ROCKSTAR SEIN

Wiesbaden – Frankfurt – Tokio – kann eine Band aus Wiesbaden auch in Deutschland Karriere machen? „Nach unserer Japan-Reise häuften sich die Interview-Anfragen", sagt Ravel Meeth. „Aber der Prophet gilt ja im eigenen Lande oft nicht so viel." „Deswegen ist es auch eine coole Idee von Henning Weiss und dem Hotel, jungen Bands einen hochwertig ausgestatteten Proberaum zur Verfügung zu stellen und die Möglichkeit für einen Gig zu bieten", so Tilmann Köllner. „Sehr schöne Sache, so wird auch die Frankfurter Musikszene gefördert. Und eine tolle Alternative zu den überfüllten, dunklen, oft asbestverseuchten Musikbunkern in Frankfurt." Dass die Levi's Europa-zentrale die vier jungen Musiker nicht nur für ihre Gigs im 25hours Hotel by Levi's mit Kult-Jeans, T-Shirts, Hemden und Jacken für coole Auftritte sponsored, versteht sich fast von selbst. Wer selbst mal ein Rockstar sein möchte, lässt sich im 25hours Hotel by Levi's eine E-Gitarre aufs Zimmer bringen oder trifft sich mit anderen Gästen zu einer Session im Gewölbekeller.

25hours Hotel tailored by Levi's
Niddastraße 58
60329 Frankfurt-Bahnhofsviertel
T 069 256677 0
www.25hours-hotels.com

Hotel Kempinski Gravenbruch

In diesen Suiten finden Träume ein Zuhause

Oase im Grünen

DAS KEMPINSKI HOTEL GRAVENBRUCH FRANKFURT ist ein international renommiertes Luxushotel im traditionellen Landhausstil. Das Anwesen blickt auf eine mittlerweile 400-jährige bewegte Geschichte zurück. Die entspannte Atmosphäre und der bezaubernde Charme des ehemaligen Landgutes und Jagdschlösschens, mitten in einer grünen Oase von 150.000 Quadratmetern gelegen, bezaubert seit jeher die Gäste.

1943 bei einem Bombenangriff nahezu zerstört, ließ Rudolf Graf von Schönborn, dessen Familie bereits seit 1661 im Besitz des Jagdschlösschens und des umliegenden Waldes war, den Gebäudekomplex mit Restaurant und kleinem Hotel im alten Stil wenige Jahre nach Kriegsende wieder aufbauen. 1976 übernimmt die Kempinski AG die Leitung des Hauses. Bis zur offiziellen Wiedereröffnung 1980 als Kempinski Hotel der 5-Sterne-Luxus-Kategorie wurden umfassende Umbau- und Erweiterungsmaßnahmen durchgeführt. Entstanden sind drei Restaurants, eine große Bar, ein Ballsaal für bis zu 600 Personen, 22 Konferenz- und Tagungsräume.

Damals ging man noch im hoteleigenen See baden, heute im strahlend blauen Pool, der auch im Winter auf angenehme 27 Grad aufgeheizt wird. Derweil können die Petrijünger unter den Gästen und Mitglieder des Gravenbruch Resort Clubs im Teich ihr Glück versuchen. Wem ein dicker Fang gelingt, einmal soll ein Gast einen 1,80 Meter langen Hecht aus dem Wasser gefischt haben, „der bekommt den Fisch im Forsthaus-Restaurant auch exklusiv zubereitet", beteuert Resort Club-Manager Oliver Stevens. Die Wildgänse und Schwäne, die gern in der herrlichen, parkähnlichen Landschaft rund um den See landen, sind aber vor Weidmännern geschützt. Zum Kempinski Gravenbruch Resort Club gehören zudem zwei Tennisplätze, Fitnessstudio, Indoor-Pool, Infrarot- und finnische Trockensauna, Beautyfarm, Masseure und Hairstylisten. Für das Resort gilt: „Hotelgäste und Members only!" Denn „der größte Luxus, den wir den Gästen bieten können, ist der Platz, den wir haben". Das wussten schon Bill Clinton und Bruce Springsten, die Deutsche Fußball-Nationalelf und zahlreiche Prominente zu schätzen. Namen? Das bleibt ein Geheimnis. „Der Schutz der Privatsphäre unserer Gäste ist eine unserer vornehmlichen Aufgaben, so Oliver Steven."

Interieur im gehobenen Landhausstil macht das Leben im Hotel zum Genuss

Der Vater des Erfolgs

Es war einmal ein Junge, der verließ mit 16 Jahren sein Elternhaus. Er machte Abitur in Eigenregie, jobbte während des Studiums als Bademeister am Teich des heutigen Kempinski Hotel Gravenbruch Frankfurt und ging putzen. Claus Wisser, der Junge von damals, ist heute Eigentümer der WISAG Service Holding, einer Unternehmensgruppe mit rund 26.000 Mitarbeitern und einem Umsatz in dreistelliger Millionenhöhe. 1964, Claus Wisser ist gerade 21 Jahre jung, recht knapp bei Kasse und auf der Suche nach einem lukrativen Studentenjob. Da bietet sich die Gelegenheit, für eine Saison den Job als Bademeister an der ehemaligen Kiesgrube direkt am Forsthaus Gravenbruch zu übernehmen. Mit 1.000 Mark eine für seine damaligen Verhältnisse hoch dotierte Tätigkeit. Kost und Logis sind frei, und so bezieht Claus Wisser Quartier im Nebenraum des alten, aus Holz gebauten Kassenhäuschens – eine spannende Zeit beginnt. Denn der athletische junge DLRG- und Sportschwimmer wacht nicht nur über den Sandstrand, das Luft- und Sonnenbad und den Badeteich. Zu seinem beinahe Rund-um-die-Uhr-Job gehört es auch, den Sandstrand zu pflegen, Eintritt zu kassieren, die sanitären Anlagen und Umkleidekabinen in Ordnung zu halten – „dafür habe ich mir bald ein paar Schüler organisiert, die im Gegenzug umsonst baden durften" – und im Notfall Schwimmer aus den Fluten der ehemaligen Kiesgrube zu retten.

RETTER IM TOSENDEN SEE

An seine Zeit als Bademeister erinnert sich Claus Wisser – „außer dass ich seekrank werde, finde ich das Element Wasser wunderbar" – so gut, als sei es gestern gewesen. „An schönen Tagen hatten wir bis zu 1.500 Badegäste – da war was los am Teich!" Besonders als eines schönen Tages unvermittelt ein Gewitter aufzieht und sich der recht tiefe Badesee (12 bis 15 Meter) innerhalb von wenigen Minuten in einen brodelnden Hexenkessel mit hohen Wellen verwandelte. „Das Chaos war groß, denn es waren noch Kinder im Wasser oder saßen auf der kleinen Insel im Badesee fest. Die Mütter am Ufer waren vor Angst wie von Sinnen", erinnert sich Claus Wisser. Wisser schnappt sich ein Ruderboot, muss wie beim Untergang der Titanic die besorgten Mütter, die an seinem Boot hängen, abschütteln, damit er mit seinem Job als Rettungsschwimmer beginnen kann.

> **„Geld macht mich nicht glücklich. Für mich ist Geld ein wichtiges Transportmittel für Ideen."**
> *Claus Wisser*

CARPE DIEM!

Nicht nur turbulente Momente wie diese gab es im studentischen Saint-Tropez am Baggersee. „Wir wurden vom damals hier ansässigen Restaurant bestens verpflegt, und oft kam die Küchen-Crew am Abend mit übriggebliebenen Leckereien und einer ... oder mehreren Flaschen Wein nach Dienstschluss bei mir vorbei, wir haben am Feuer gesessen und hatten eine gute Zeit." Wenn am See nichts zu tun war, dann ging Wisser auch mal in die Restaurant-Küche und fragte nach, ob er helfen könne. „Bei dieser Gelegenheit habe ich zum Beispiel backen gelernt." Auch der „Pferdestall", die damalige In-Location des Frankfurter Kult-Gastronomen John Paris, war des Nachts für den jungen Wisser einen Abstecher wert.

MIT GLÜCK, GESCHÄFTSSINN UND EINER GESCHENKTEN SCHREIBMASCHINE ZUM ERFOLG

Ein Jahr später war Claus Wisser immer noch Student in Frankfurt und wieder recht knapp bei Kasse. Um sein BWL-Studium fortsetzen zu können, musste er Geld verdienen. Das schmale Eigenkapital reichte diesmal für einen Eimer und Schrubber. Also entschied sich Wisser, der eigentlich Bankvorstand werden wollte, freiberuflich zu putzen. „Ich habe schon als Kind am Sonntagmittag den Abwasch gemacht – dazu allerdings die Küche abgesperrt, damit mich keiner beobachten oder stören konnte. Mit den verdienten 50 Pfennigen bin ich dann ins Kino gegangen." Selbstbewusst spricht er als Student gleich bei der Firma Ferrero vor, die damals einen Reinigungsdienst suchte. „Ich bin sehr praktisch veranlagt und habe schwere Arbeit nie gescheut." Trotzdem hätte der studentische Ein-Mann-Betrieb eigentlich keine Chance gehabt, den lukrativen Auftrag zu erhalten. Eigentlich. Doch eine Mitarbeiterin ließ sich von Wissers hartnäckigem Auftritt überzeugen. Sein Erfolgskonzept damals wie heute: „Leistungsbewusstsein und auch außerhalb der Leistungsbeschreibung tätig sein!" Seine erste Rechnung als freier Unternehmer schreibt der Selfmademan auf einer Schreibmaschine, die er kostenlos über eine Annonce in der Frankfurter Allgemeinen Zeitung gefunden hatte. Damit legt er den Grundstein für seine große Unternehmer-Karriere. Übrigens: Die alte Zeitungsanzeige hängt heute gerahmt über der legendären Schreibmaschine in der Zentrale der WISAG Holding an der Kennedyallee in Frankfurt am Main.

THINK GLOBAL, ACT LOCAL!

Frankfurt – Neu-Isenburg – Gravenbruch, Claus Wisser ist dem ehemaligen Hofgut, dem heutigen Hotel Kempinski und der Region trotz internationalen geschäftlichen Engagements treu geblieben. In Neu-Isenburg war der erfolgreiche Unternehmer mit JUSO-Vergangenheit zehn Jahre Stadtverordneter und auch Landtagskandidat für die SPD. „Ich komme eben von links!" Der Badesee ist zwar mittlerweile versandet, das Hotel Kempinski Gravenbruch ist für ihn aber zu einem Stückchen Heimat geworden. Hier werden beispielsweise die großen Familienfeste gefeiert. Aber auch auf einen Espresso und eine dicke Zigarre in der Smokers Lounge schaut Claus Wisser immer gern bei seiner alten Wirkungsstätte vorbei.

Hotel Kempinski Gravenbruch

Graf zu Ysenburg und Büdingen Platz 1

63263 Frankfurt/Neu-Isenburg

T 069 389 880

www.kempinski-frankfurt.de

Hotel Liebig

Hotel Liebig: ein Zuhause
auf Reisen hinter einer
der wenigen erhaltenen,
herrlichen Jugendstilfassaden
im Frankfurter Westend

Weniger ist mehr: neuer Look im eleganten Frühstücks- und Aufenthaltsraum

Westendvilla mit Stil

DIE SCHÖNE, MIT FANTASIEVOLLEN ORNAMENTEN REICH VERZIERTE SANDSTEIN-JUGENDSTILVILLA IN DER LIEBIGSTRASSE fügt sich ohne Brüche in eine der wenigen in Frankfurt erhaltenen herrlichen Fassadenfluchten aus dieser Zeit ein. Gebaut wurde die Villa 1905, also gerade mal 32 Jahre nach dem Tod des berühmten Chemikers und Namensgebers der Straße, Justus von Liebig. In dieser Zeit fand in Europa eine Erneuerung von Kunst, Denken, Leben und Architektur statt. Der aus diesem Umdenken resultierende Jugendstil verknüpft die Forderung nach der Verschmelzung von „Kunst und Leben", der Wiedereinbeziehung der Kunst in das Alltägliche im Sinne einer umfassenden künstlerischen Neugestaltung aller Dinge. Dabei kommt den dekorativen Künsten eine ganz besondere Bedeutung zu. Insgesamt gehören die Abkehr von historischen Bauformen und die intensive Suche nach neuen dekorativen Gestaltungsmöglichkeiten in Architektur und Kunstgewerbe zum erklärten Programm vieler Künstler des Jugendstils.

Entsprechend aufwändig die Fassadengestaltung – auch die des heutigen Hotel Liebig – und die prachtvolle Gestaltung der Innenräume, mit Stuck zum Beispiel. Den hat Hausherr Rufino Rondoni bei der Sanierung des Hauses über drei Jahrzehnte immer besonders pfleglich behandelt und erhalten. Als nämlich 1972 Monika und Rufino Rondoni die Jugendstilvilla mit kleinen Balkonen und einem romantischen Gärtchen im schönen Westend in einem renovierungsbedürftigen Zustand übernahmen, hatten sie nur ein Ziel: die einfachen Unterkünfte in ein Privathotel der gehobenen Klasse zu verwandeln. Mit ausgeprägter Liebe zum Detail, viel Engagement, geschultem Geschmack und exquisiten italienischen Materialien und Möbeln verschaffte das Hotelier-Paar dem Haus das mediterrane Klima, das ihrer Philosophie über ein „geschmackvolles Zuhause auf Reisen" gerecht wird. Dabei folgten sie den gestalterischen und architektonischen Idealen des Jugendstils.

Suite im Hotel Liebig:
stilvolles Refugium für Gastgeber und Gäste

Die Kunst des Liebens

Zu der Zeit, als ich das Hotelier-Ehepaar Rondoni im liebe- und stilvoll sanierten Hotel Liebig zum Interview besuche, lese ich das Buch „Hector und die Geheimnisse der Liebe". Auf dem Klappentext prangt die Frage, die sich durch das ganze Buch und das Leben vieler Menschen zieht: Kann man nicht für immer lieben? Hätte der Autor des Romans bei Monika und Rufino Rondoni recherchiert, hätte er bei dem Paar einige kluge Einsichten gewinnen können. Denn die attraktive, lebenslustige Winzertochter aus Rheinhessen und der umbrische Gastronom mit Modellqualitäten haben sich ihre Liebe – trotz oder gerade mancher Lebensstürme und viel gemeinsamer Arbeit wegen – über mehr als 35 Jahre erhalten.

MIT EINEM KLAPPRIGEN VW RICHTUNG LIEBE

Amors Pfeil traf die beiden, als sie Anfang der 1970er Jahre im namhaften Hotel Stuttgart International arbeiteten. Beide betrachteten den Job als Sprungbrett: Er wollte Sprachen lernen, vielleicht weiter nach England ziehen. Sie wollte nach einem beschaulichen Leben auf dem elterlichen Weingut die große, weite Welt entdecken. Doch die „bella bionda" fiel dem feschen, jungen Kollegen sofort auf, und bei einem gemeinsamen Ausflug nach Baden-Baden kamen sich die beiden näher. „Dabei wäre Rufino damals beinahe vom vereinbarten Treffpunkt wieder weggefahren. Denn ich war fast eine halbe Stunde zu spät – aber ich musste unbedingt die hübsche Bluse für unser erstes Rendezvous kaufen und anziehen, die ich tags zuvor in einer Boutique gesehen hatte." Mit einem alten, klapprigen VW steuerte das Paar Richtung Kurstadt und große Liebe. An das erste gemeinsame Mittagessen erinnern sich beide, als sei es gerade erst gestern gewesen: „Zunge in Madeira, das war damals der Hit."

EINE LIEBE FÜR EIN GANZES LEBEN

Monika Rondoni war und ist nicht nur eine attraktive, sondern auch eine unternehmungslustige Frau. Ein eigenes Restaurant, das war schon immer ihr Traum. München oder Hamburg waren für die bodenständige Rheinhessin zu weit entfernt von der Heimat, um sich dort niederzulassen. Frankfurt hingegen war genau richtig. Nach kurzer Zeit des Suchens war das passende Lokal mit einer Wohnung im ersten Stock gefunden, und eine Weinstube wurde eröffnet. Der Herzallerliebste durfte zwar nach seinem regulären Job im Hotel in der neuen Weinstube Erlenhof, benannt nach dem Weingut der Eltern, aushelfen, „übernachten bei der Freundin hingegen war zu dieser Zeit nicht gern gesehen", erinnert sich der Hausherr. „Morgens mussten wir immer schauen, ob die Luft rein ist und niemand sieht, dass er meine Wohnung verlässt. Gesehen haben es bestimmt trotzdem alle", schmunzelt Monika Rondoni und schaut ihren Mann dabei noch immer spitzbübisch und verliebt wie vor 35 Jahren an. Den offiziellen Bund fürs Leben schlossen sie 1975.

VON DER EINRAUMWOHNUNG ZUR LUXUS-SUITE

1973 haben die beiden auch den Hotelbetrieb im Haus übernommen, haben in einem Zimmer gelebt, miteinander Bett, Schrank, Tisch und mit den übrigen Hotelgästen das Bad geteilt. „Das ist zwar ‚erst' 36 Jahre her, aber es war eine schöne Zeit. Einfachste sanitäre Einrichtungen und ebensolche Möbel, vorsintflutliche Elektrik, Sanierungsbedarf überall. Die damalige Einraumwohnung des Ehepaars in der Beletage ist heute die Paradesuite im Hotel Liebig. „Die haben wir so saniert und eingerichtet, dass wir selbst auch gern darin wohnen möchten." Weil dieser Raum mal unser Zimmer war, sollte die Suite besonders schön werden", waren sich beide bei der Grundsanierung einig. Hochwertige, geradlinige Designermöbel, ebensolche Designerleuchten, Fliesen und Stoffe, Waschbecken und Armaturen – alles aus Italien. Keine Trennwand stört das Raumgefühl, weil Glastüren das Bad vom Schlafbereich und den Schlafbereich vom Wohnbereich trennen. In dieser Suite, mit viel Gefühl für Stil und italienisches Design saniert und eingerichtet, findet das nun schon mehr als 35 Jahre währende Schaffen der beiden Hoteliers seinen stilistischen Höhepunkt.

EIN MANN FÜR ALLE LEBENSLAGEN

In den 1980er Jahren haben die beiden angefangen, die herrliche Jugendstilvilla vom Dach bis zum Keller zu renovieren – eine Lebensaufgabe, die noch immer nicht ganz abgeschlossen ist, wie der Patron lächelnd zugibt. Aber nach all den Jahren als Hotelier, Architekt, Raumgestalter, Baustellenleiter – und wenn Not am Mann war, auch als Bauarbeiter, Zimmermann oder Maler –, lässt er es nun etwas gemächlicher angehen und genießt gemeinsam mit Gattin Monika die Freude an dem, was sie sich selbst, für Sohn Stefano und Tochter Isabella geschaffen haben. „Wir haben Etage für Etage, Raum für Raum und besonders auch das Foyer und den Frühstücksraum so eingerichtet, dass wir uns selbst hier wohlfühlen. Schließlich verbringen wir die meiste Zeit unseres Leben in unserem Hotel – und das immer noch sehr gern."

KLEINE KATASTROPHEN, GROSSE LIEBE

Nicht vergessen, aber in beschauliche Ferne gerückt sind die kleinen und großen Katastrophen des Hotel-Alltags: Renovierungsarbeiten bei laufendem Hotelbetrieb; Kabelsalat in der handvermittelten Fernsprechzentrale, Gäste, die abreisten, ohne ihre Rechnung beglichen zu haben; finanzielle Engpässe, die daraus enstanden; die knapp bemessene Zeit für sich und die Familie – aber wie philosophiert Hector über das Wesen der Liebe? „Wir wissen um die Wechselfälle des Lebens (...). Aber die Prüfungen des Lebens, alles wird uns erträglich, wenn wir das geliebte Wesen an unserer Seite haben, in guten wie in schlimmen Zeiten, in glücklichen wie in schicksalsschweren Stunden."

„Wir hatten erst einmal nichts – außer uns. Und nun genießen wir gemeinsam die Freude an dem, was wir uns geschaffen haben!“ *Monika Rondoni*

Hotel Liebig
Liebigstraße 45
60323 Frankfurt-Westend
T 069 24 18 29 90
www.hotelliebig.de

Steigenberger Hotel Metropolitan

Bar und Lobby:
Schön, sich hier zu treffen!

Zeitlose Eleganz in der Mainmetropole

IMPOSANTE GRÜNDERZEIT-FASSADE AUSSEN, EDLES AMBIENTE UND VIEL HIGH-TECH INNEN: Die Maxime des Steigenberger Hotels Metropolitan heißt zurückhaltende Eleganz mit zeitlosem Design. Nun empfängt das Business-Luxushotel seine Gäste in einer hellen Marmorhalle. Schlanke Säulen und eine gut erhaltene, dezente Stuckdecke lassen erahnen, was die Gäste in den anderen Hotelbereichen erwartet. Hinter dem großen Rundbogenfenster im Dachgeschoss bieten beispielsweise zwei Suiten den direkten Blick über das historische Bahnhofsgebäude auf die Frankfurter Skyline.

Die Fassade des im Jahr 1892 erbauten Bahnverwaltungsgebäudes aus hellem, rauem Sandstein wurde in der Bauphase einheitlich rekonstruiert und restauriert. So steht das jetzt als Hotel genutzte Gebäude inmitten alter und neuer Bauwerke in der Poststraße. Gemeinsam mit dem ebenfalls aus Sandstein errichteten und unter Denkmalschutz stehenden Bahnhofsgebäude aus dem Jahr 1888 fügt sich das Hotel in eine Reihe architektonischer Zeitzeugen – wie etwa Alte Oper oder Steigenberger Frankfurter Hof – ein.

In einer Zeit, in der die Tradition der Platzgestaltung in Vergessenheit zu geraten drohte, wurde bei der Hotelplanung die Idee der übergreifend einheitlichen Gestaltung einer Stadt wieder aufgenommen und rückt anstelle des Einzelbauwerks das städtische Ensemble in den Fokus. Das rekonstruierte Gebäude – mit einem nach den Plänen des Frankfurter Star-Architekten Christoph Mäckler ausgebauten Mansardendach – unterstreicht so die alte Gründerzeit-Identität Frankfurts, ohne auf modernste Funktionalität zu verzichten.

Doorman im Steigenberger Hotel Metropolitan: Einsatz in Mainhattan

Fenster mit Blick auf den historischen Frankfurter Hauptbahnhof

Hier genießen Sie gediegene Eleganz und individuellen Service

Andreas Fitz (r) und Oliver Mose (l) fühlen sich
Steigenberger Hotel Metropolitan wie zu Ha

Zweite Heimat Hotel

„Das ausgesprochen herzliche Verhältnis zum gesamten Hotel-Team – vom Direktor bis zum Doorman – lassen das Metropolitan zu unserem zweiten Zuhause werden."
Andreas Fitz und Oliver Mose, Dauergäste

Coco Chanel lebte 35 Jahre im Hotel Ritz in Paris. Hotelerbin Paris Hilton soll die meiste Zeit ihrer Kindheit in der familieneigenen Suite im ältesten und traditionsreichsten Hotel New Yorks, dem Waldorf-Astoria, verbracht haben. Udo Lindenberg hat seit 13 Jahren seine „Panikzentrale" in einer Suite im zweiten Stock des Hamburger Hotel Atlantic, im Hotelrestaurant seine eigene Nische und unterm Dach sogar ein eigenes Atelier. Es hat etwas Faszinierendes, das Leben in einem Hotel. Unzählige Schicksale und Geschichten treffen hier aufeinander. Im Hotel kann alles passieren: Liebeleien und abenteuerliche Begegnungen, Geschäftsabschlüsse und geschichtsträchtige Begebenheiten. Die Bandbreite der Ereignisse hängt vom Zufall ab. Leben und leben lassen liegen Zimmerwand an Zimmerwand.

WIE WIRD DURCHGESTYLTE ANONYMITÄT ZU „MEINEM" ZUHAUSE?

Andreas Fitz und Oliver Mose, Unternehmensberater aus Hamburg, haben im Steigenberger Hotel Metropolitan Frankfurt eine zweite Heimat gefunden. „Das ausgesprochen herzliche Verhältnis zum gesamten Hotel-Team – vom Direktor bis zum Doorman – lassen das Metropolitan zu unserem zweiten Zuhause werden." Die beiden schätzen aber auch all die anderen Vorteile, die ein Leben im Hotel zu bieten hat: Roomservice und Concierge rund um die Uhr, die Wäsche wird gewaschen, der Frühstückstisch ist gedeckt, und der Barmann weiß, was seine Gäste nach einem anstrengenden Arbeitstag bevorzugen. „Das ist dann fast schon so, als würde man zu Hause die Pantoffeln hingestellt bekommen", scherzt Oliver Mose. Nachtportier Illy bringt die Gäste auch schon mal aufs Zimmer – wenn es mit der Wegsteuerung nicht mehr so gut klappt. Und das Management ist natürlich bemüht, den Dauergästen immer dasselbe Zimmer zu geben.

STAMM-PLÄTZE

Udo Lindenberg hat seine Nische im Restaurant des Hamburger Atlantic, aber Stammplätze fordern auch manche Dauergäste im Frankfurter Metropolitan ein, weiß Direktor Roland Ross. „Dieser Wunsch wird auch möglichst erfüllt." Es sein denn, man hat unternehmungslustige Unternehmensberater wir Fitz und Mose im Haus! „Wir haben uns mal ganz subversiv an den „Stamm-Tisch" einer anderen Gruppe Geschäftsreisender gesetzt, die Verwirrung und Empörung war groß." Und was lernt man daraus? „Auch im Hotel, in dem man eigentlich „nur" zu Gast ist, werden Stammplätze und damit ein Stück Zuhause schnell in Besitz genommen ... und verteidigt."

SERVICE RUND UM DIE UHR

Besonderes Getränk, fehlender Schreibstift oder anderes Kissen? Kein Problem im Hotel. Ein Anruf genügt, und der Wunsch des Gasts wird erfüllt. „Im Hotel funktioniert eben alles immer – zu-Hause ist das nicht immer so", resümiert Andreas Fitz. Weiterer angenehmer Nebeneffekt für Dauergäste: die Steigenberger Award Card, auf der Andreas Fitz und Oliver Mose schnell den höchsten Status erreicht haben und nun an einem vielfältigen Bonusprogramm teilnehmen können. „Goodies wie exklusives Shampoo, kleine Willkommensgeschenke wie Mini-Flaschen Champagner oder Rotwein muss ich sowieso immer zu Hause in Hamburg bei meiner Lebensgefährtin abliefern", schmunzelt Fitz. „Meine Partnerin meint, dass ich froh sein muss, ein solches Hotel für meine Aufenthalte in Frankfurt gefunden zu haben."

ETWAS DISTANZ MUSS SEIN

„Sehr angenehm ist die aufrichtige Herzlichkeit der Metropolitan-Mitarbeiter, da ist nichts gekünstelt", befindet Dauergast Andreas Fitz. „Wir sind selbst Dienstleister, deswegen wissen wir auch gute Dienstleistung entsprechend wertzuschätzen", so Fitz und Mose unisono. Fast wie selbstverständlich ist es dann auch, dass die beiden mit dem Barmann, der Frühstückschefin oder dem Doorman per Du sind. „Schließlich beginnt man den Tag mit Teresa Prill, der Seele des Frühstücksbuffets, und beendet den Arbeitstag mit einem Drink bei Jimmy, unserem Barmann. Hotelpersonal als Familienersatz? Das finden die beiden Hamburger als etwas zu hoch gegriffen. Auch wenn die Frühstückschefin die bevorzugte Kaffee- oder Teesorte eines jeden Dauergasts kennt oder für die Reise auch mal – wie bei Mama daheim – ein Lunch-Paket zusammenstellen lässt. „Im Hotel erzählt man sich schon einiges aus dem Privatleben. Egal, ob von der Modelleisenbahn zu Hause oder Überfällen auf Geldtransporter, die der ehemalige Sicherheits-Experte und Doorman des Hauses, Robert Leder, schon erlebt hat." Trotzdem: Ganz wie zu Hause fühlen sich die beiden im Hotel dann doch nicht. „Eine gewisse Distanz zu den Menschen bleibt, und das ist auch gut so."

Steigenberger Hotel Metropolitan
Poststraße 6
60329 Frankfurt-Bahnhofsviertel
T 069 5060700
www.metropolitan.steigenberger.de

Jagdschloss Mönchbruch

Für das historische Ensemble haben Künstler aus der Region großflächige Gemälde mit Jagdszenen geschaffen.

Das Fenster zum Schlosspark

Hier residieren Sie wie einst die Landgrafen von Hessen-Darmstadt

Lieblingsplatz

MIT VIEL LIEBE, GEDULD UND FACHKENNTNIS WURDEN DIE 1608 ERBAUTE MÖNCHBRUCHMÜHLE UND DAS BENACHBARTE JAGDSCHLOSS RESTAURIERT. Das denkmalgeschützte Anwesen liegt mitten im gleichnamigen Naturschutzgebiet, ist dennoch bequem und schnell von den Metropolen des Rhein-Main-Gebietes, aus Frankfurt, Wiesbaden und Darmstadt zu erreichen. In den Wäldern des Mönchbruchs wurde schon in der Zeit der Karolinger gejagt. Die Blütezeit der landesherrlichen Jagd lag im beginnenden 18. Jahrhundert, in der Zeit der Landgrafen Ernst-Ludwig und Ludwig VIII. Zwischen 1730 und 1732 ließ Landgraf Ernst-Ludwig das für seine Zeit typische Jagdschloss errichten. Im Baustil des „Maison de plaisance" entstand ein „Ort der Muße in freier Natur". Nach wechselvoller Geschichte erlebt das Ensemble eine erneute, stilvolle Blüte. Denn das Hotelier-Ehepaar Grote fühlt sich der Idee des Erbauers von einem Ort der Muße in freier Natur verpflichtet und hat im Januar 2009 den ehemaligen Jägerbau als Hotel eröffnet. Eingerichtet im gehobenen Stil mit edlem Holzinterieur, hochkarätigen Kunstobjekten, Gemälden von Künstlern aus der Region und modernem technischen Equipment, dürfen hier die Gäste nun ganz fürstlich in den Appartements logieren. Namensgeber für die stilvollen, einladenden Räume: Giulietta, Maximilian, Benedikt und Rebecca, die vier Sprösslinge der Grotes.

Gelungene Wiederbelebung:
historisches Ensemble Jagdschloss Mönchbruchmühle

Kinder bringen Leben ins Schloss

„Während andere Kinder mit Knete spielten, habe ich mit Fensterkitt gespielt." Claudia Grote ist auf den verschiedenen Baustellen ihres Vaters aufgewachsen. „Pinsel, Farbtöpfe und Bauarbeiter waren meine besten Freunde und jede Baustelle ein Abenteuerspielplatz", resümiert die junge Hotelchefin heute. Das Faible für den Umbau und den Erhalt alter, geschichtsträchtiger Ensembles hat sie dann auch von Vater Heinz Grote geerbt. Denn schon er liebte es, alten Gemäuern neues Leben einzuhauchen. Besonders verbunden ist Claudia Grote der Mönchbruchmühle. „Jeder Stein, jeder Baum, jede Nische, jedes Zimmer birgt Geschichten und Erinnerungen", erklärt sie ihr Engagement für das ehemalige Jagdschloss der Landgrafen von Hessen-Darmstadt. Glücklich und frei war ihre Kindheit mit Pony, Hund und Katzen in der urigen Mühle, nur einen Steinwurf vom heutigen Naturschutzgebiet Mönchbruch entfernt. „Der Mönchbruch ist meine Heimat, hier sind meine Wurzeln, und hier habe ich erneut Wurzeln geschlagen."

> **„Während andere Kinder mit Knete spielten, habe ich mit Fensterkitt gespielt."**
> *Claudia Grote*

DIE WEITE WELT LOCKT

Kanada war eines der Traumziele. Und wie kommt eine unternehmungslustige junge Frau am einfachsten dorthin? Als Hotelkauffrau zum Beispiel. Also absolviert Claudia Grote eine Lehre im Hilton Mainz und trifft dort den Mann ihres Lebens: Günter Lohoff. Bald schon ruft die alte Heimat: Das Restaurant in der Mönchbruchmühle stand nach mehrfachem Pächterwechsel plötzlich leer. Ein Wink des Schicksals? Mit Elan und Schaffensfreude übernehmen die beiden 1993 kurzerhand das historische Ensemble, eröffnen die Müllerstube und den Biergarten. „Das war eine tolle, unbeschwerte Zeit. Auf einem Zweiplattenherd und einem Grill haben wir Kleinigkeiten für die Gäste gezaubert, den Gartenbetrieb haben wir beide meist alleine geschmissen, die Stimmung war grandios – unsere Gäste und wir hatten viel Spaß!" Kein Wunder, ist Gastronomie doch die Passion des kongenialen Dream Teams Claudia und Günter Grote. Der erste Erfolg hat die Hotelfachfrau und den Koch aus Leidenschaft beflügelt: So „ganz nebenbei" fingen sie bei laufendem Betrieb an, das Restaurant Mönchbruchmühle zu sanieren und nach eigenen Vorstellungen umzubauen.

FAMILIENGLÜCK

Die Freude und der Eifer am Umbauen und Neugestalten erlebt bei Familie Grote immer dann einen Höhepunkt, wenn sich Nachwuchs ansagt. Während der Schwangerschaft mit Tochter Giulietta plante und realisierte die ranke, schlanke Hotelchefin den Umbau des Kaminzimmers mit Feuereifer. „Es war fast eine Strafe, als ich schließlich ins Krankenhaus musste und nicht bei den Abschlussarbeiten dabei sein konnte.

EIN PLATZ FÜR KINDER

Als Sohn Maximilian unterwegs war, trieb der Nestbautrieb der werdenden Mutter besonders schöne Blüten: Das Badezimmer sollte umgebaut werden, so umfassend, dass die Handwerker bis zur Geburt des Filius nicht fertig wurden und die mittlerweile vierköpfige Familie erst einmal ein Hotelzimmer beziehen musste. Bei Benedikt, Stammhalter Nummer 2, war dann das Kühlhaus dran. Günter Lohoff erträgt die umfangreichen Bauarbeiten seiner schwangeren Liebsten mit Humor und Gelassenheit. „Was soll man(n) da schon machen?" Benedikt kommt zu Hause in der Mönchbruchmühle zur Welt. Er wartet nicht auf die Assistenz eines Geburtshelfers oder Notarztes. Das ist dann selbst für den dreifachen Vater zu viel. Die Eile seines Sohnes, das Licht der Welt zu erblicken, haut ihn aus den Schuhen. Im Mai 2008 kommt Rebecca auf die Welt. Mama Claudia stand bis zur Niederkunft auf dem Baugerüst – wo sonst? Und wohin machte Rebecca ihren ersten Ausflug? Vom Krankenhaus ging es direkt in den Baumarkt. „Damit hatte ich den Bogen wohl etwas überspannt", gesteht Claudia Grote mit Seitenblick auf ihren Partner. Schließlich hatte ihr Herzbube ein romantisches Begrüßungsfest organisiert. Aber böse sein können sich die beiden Turteltauben auch nach zehn Jahren Ehe nicht.

Jagdschloss Mönchbruch
Mönchbruch 1
64546 Mörfelden-Walldorf
T 06105 92430
www.jagdschloss-moenchbruch.de

DESTINATION EMOTION

Schließlich hatte der Ausflug in den Baumarkt einen triftigen Grund: Auf der Baustelle des gegenüber der Mönchbruchmühle gelegenen Schloss-Ensembles liefen die Sanierungsarbeiten auf Hochtouren. Das Schlossareal mit den historischen Pavillons Jägerbau, Kavaliersbau und Herrenhaus sowie weitläufigen Wirtschaftsgebäuden haben die immer noch unternehmungslustigen Hoteliers gekauft und sanieren nun Abschnitt für Abschnitt, in eigenem Tempo und nach eigenem Gusto, zusammen mit dem Architekten Kristian Kaffenberger und der Denkmalpflege. Im Januar 2009 wurde der erste Bauabschnitt des Hotels mit Suiten im Jägerbau eröffnet. „Mit diesem Projekt sind wir die nächsten 20 Jahre voll beschäftigt und ausgelastet", prognostiziert die Hotelchefin. Der Gatte lächelt dazu nur weise und vielsagend.

Hotel National

Chic der 1950er und 1960er Jahre

Hier werden Sie geholfen …
und zwar eine Spur persönlicher.

Hotel National:
macht den Tisch zur Tafel

Noblesse oblige

IN DEN 1960ER JAHREN erlebte das Hotel National die Blütezeit des Wirtschaftswunders, gehörte zu den besten Hotels der Stadt. Noch heute ist der Frühstücksraum einer der prächtigsten in Frankfurt. Hier und in den öffentlichen Bereichen zieren Ölgemälde mit dicken Goldrahmen die Wände, Antiquitäten, wohin man schaut, und in jedem Raum hängen Kronleuchter. Die Gründer, das Hotelier-Ehepaar Curt und Lucie Pfoh, die das Hotel National nach seiner Zerstörung im Zweiten Weltkrieg wieder aufgebaut haben, waren nämlich auch leidenschaftliche Kunst- und Antiquitätesammler. In den 1980er und 1990er Jahren logierten im Traditionshaus viele Prominente aus Politik und Show-Business. An Richard von Weizsäcker, damals noch regierender Bürgermeister von Berlin und späterer Bundespräsident, erinnert sich Horst Tausch, seit 1970 im Hotel National beschäftigt, besonders gern. Auch Deutsch-Rocker Marius Müller-Westernhagen wohnte in seinen wilden Zeiten im National. Er war abonniert auf Zimmer 226. Joachim Gauck, Manfred Stolpe, Matthias Wissmann und Erhard Eppler wohnen und tagen ebenfalls hier. Viel Politik wird in dieser Zeit im Hotel National gemacht. Sogar von konspirativen Sitzungen im Vorfeld des Misstrauensvotums gegen Bundeskanzler Helmut Schmidt kann Horst Tausch berichten. Das kinderlose Ehepaar Pfoh vermachte das Hotel National nach seinem Tode dem Frankfurter Wiesenhütten-stift. Seit 1995 sind die erfahrenen Hoteliers Schwarzbart & Lemler (Colour Hotel, Continental) Pächter im National und treiben die Modernisierung des Hauses voran, unter der Prämisse, Ambiente und Stil eines „Hauses ersten Ranges" zu erhalten. So ist das charmante Hotel heute eine Oase gediegener Ruhe. Das und den herzlichen, persönlichen Service wissen Geschäftsreisende und Weltenbummler aus allen Ländern zu schätzen.

Im Hotel National hat man es von jeher verstanden,
Tradition und Moderne gekonnt miteinander zu verbinden.

Im stilvollen Ambiente des Frühstücksraums
ist die Welt auch am frühen Morgen in Ordnung

Der perfekte Gastgeber

Apostolis Korosidis ist ein Kind des multikulturellen Bahnhofsviertels: Mit vier Jahren folgte der kleine Apo, wie ihn Familie und Freunde gern nennen, aus einem kleinen Ort bei Thessaloniki im Norden Griechenlands seinen Eltern Chrissi und Ioannis nach Frankfurt. Die Familie lebte in der Münchener Straße, gleich gegenüber vom Hauptbahnhof, nur ein paar Meter vom National entfernt. Seine ersten Schritte in der Gastronomie machte Apo, der mit einem guten Abschluss die Karmeliterschule absolvierte, als Schulsprecher brillierte und sich eigentlich in der Politik beweisen wollte, im Lokal seines Onkels in der Moselstraße. An prominente Gäste, wie Schlagerstar Karel Gott zum Beispiel, erinnert er sich, als sei es gerade erst gestern gewesen. Der Wahlfrankfurter verbrachte seine Kindheit im lebendigen und multikulturellen Viertel. Irgendwann ermahnte die Mama ihn, endlich seine Muttersprache richtig zu lernen, und Apostolis Korosidis ging zurück nach Griechenland, machte Abitur. Hier lernte er auch Vassiliki, seine „erste und einzige Liebe" kennen. In den 1990er Jahren kehrte Apo allerdings allein zurück in die Stadt seiner Kindheit. Seit 2004 arbeitet er im Hotel National, wo man die höfliche Art des Frankfurter Griechen und seinen gelungenen Spagat zwischen Unaufdringlichkeit und zuvorkommendem Service schätzt.

Sie müssen im Beruf immer höflich und zuvorkommend sein. Wie schafft man das?

Wenn es nicht dem Naturell entspricht, höflich, zuvorkommend und freundlich zu sein, dann ist man weder im Berufs- noch im Privatleben authentisch und glaubwürdig; das spürt ein anderer Mensch. Egal ob das ein Gast an der Bar, im Restaurant oder eine Person in der Supermarktschlange ist. Für mich ist es eine Freude, höflich zu sein – egal wo. Es ist doch spannend, die Stimmung eines Gastes „zu lesen", wenn er das Haus betritt, seine Bedürfnisse und Wünsche zu spüren, bevor er diese überhaupt äußert. Ich erkenne nach 30 Jahren in der Gastronomie und Hotellerie an der Haltung oder den Augen, wie der Mensch, der mir da gegenübersteht, gelaunt ist. Kann ich ihm entsprechend entgegenkommen, dann bin ich zufrieden.

Dienstleistung kommt von Dienen. Eine in unserer Zeit oft falsch interpretierte Tugend. Heute will niemand mehr „dienen". Was bedeutet Dienstleistung in ihrem besten Sinne für Sie?

Jemandem ein gutes Gefühl zu geben. Wellness für die Seele zu bieten, und wenn es nur durch das Aufhalten der Tür beim Betreten des Frühstücksraums oder einen freundlichen Gruß am Morgen geschieht. Damit erweist man dem Gast Respekt. Aufrichtige Herzlichkeit, Freundlichkeit und Höflichkeit zeichnen meiner Meinung nach einen guten Dienstleister aus. Und diese Aufrichtigkeit, die spürt der Gast und kommt gern wieder. Für mich ist es immer wieder ein schönes Gefühl, ein glückliches und zufriedenes Lächeln in das Gesicht eines Menschen gezaubert zu haben.

Training on the Job – oder wo haben Sie die Feinheiten des Gastgewerbes gelernt?

Nach mehr als 30 Jahren im Service hat man gelernt, worauf es ankommt. Aber ich habe immer auch auf die Ratschläge von Kollegen gehört. Zudem habe ich einen guten Freund und Ratgeber. Er ist Butler und Gentleman in der Villa Schafhof.

Platzt Ihnen denn niemals der Kragen?

Doch, sicher. Einer Frau musste ich leider einmal Hausverbot erteilen. Sie trank immer wieder von den Getränken anderer Gäste. Das geht natürlich nicht. Zum Schutz meiner Gäste musste ich ihr entgegentreten. Bei flegelhaftem Benehmen, Ungerechtigkeiten, respektlosem Verhalten, Beleidigungen oder Aufdringlichkeiten kann selbst ich nicht höflich bleiben. Unangebracht finde ich auch zu begehrliche Blicke auf andere Gäste – von Männern und Frauen, besonders wenn sie in Gesellschaft ihrer Lebenspartner/innen an der Bar sitzen. Auch das Mit-den-Fingern-Schnippen und lautstarkes Rufen nach einem Drink werte ich als unangebrachtes Gebaren. Trotzdem wahren meine Kollegen und ich Contenance – auch bei unschönem Betragen – das gehört einfach dazu im Dienstleistungsgewerbe.

Die Bar im Hotel National ist Ihr Baby. Warum?

Seit zwei Jahren darf ich die Bar im Hotel National nach meinen Vorstellungen führen. Ich möchte, dass die Gäste sich als Menschen im Hotel herzlich willkommen geheißen und wohlfühlen. An der Bar werden viele persönliche Kontakte geknüpft, und ein guter Barmann weiß, wann seine Gäste allein sein wollen, wann sie ein Gespräch suchen oder auch mal über ein Problem reden möchten. Ich lasse sie meine Anteilnahme spüren, berücksichtige ihre individuellen Wünsche. Kurz: Ich versuche allen das zu geben, was sie sich für den Moment, den sie an der Bar verbringen, wünschen.

Mittlerweile füllen die Danksagungen mit Zeichnungen, Fotos und Visitenkarten unzähliger Gäste Ihre Barbücher. Stolz darauf?

Ja, sicher! Wer hat schon drei dicke Barbücher voll mit internationalen Widmungen, egal ob koreanisch oder italienisch, amerikanisch oder hebräisch, finnisch oder arabisch. Es macht mich glücklich, dass andere an meiner Bar glücklich waren und eine gute Zeit hatten.

„Lächeln aus dem Herzen, das kommt bei den Gästen gut an.“

Apo Korosidis, Barmann mit Passion

Hotel National
Baseler Straße 50
9 Frankfurt-Bahnhofsviertel
T 069 242648-0
www.hotelnational.de

Roomers

Roomers:
piekfeine Lobby mit
extravagantem Mobiliar

Roomers Restaurant:
Tichlein deck' dich!

Frankfurts sexiest Hotel

IM DESIGN-HOTEL ROOMERS – DER NAME IST ENTSTANDEN AUS EINEM WORTSPIEL AUS ROOMS UND RUMOUR – Zimmer und Gerücht, erzählt das Interieur der 117 Zimmer und Suiten, der Lobby, des Restaurants, der Bar und die an einen Lustgarten erinnernde Außenfläche von einem ganz neuen Lebensgefühl im Hotel. Das neue „Herzblut-Hotel" der beiden Vordenker in der Frankfurter Hotelszene, Alex Urseanu und Micky Rosen, ist in einem seit geraumer Zeit leerstehenden Bürohaus entstanden. Organisch anmutende Rundungen, Fußböden aus geräucherter Eiche, auberginefarbene Wände, goldfarbene Polster, viel schwarzes Glas und die Tresen in Klavierlack – im ersten Design-Luxus-Hotel der Stadt hat Innenarchitektin Oana Rosen eine behagliche, kuschelige Raumatmosphäre auf allen Ebenen geschaffen. Auch die Hausherren haben selbst mit Hand angelegt und Design-Objekte und -Möbel wie pelzige Sessel in Form eines Schwanenkörpers mit Flügeln oder eine stylishe Gartenschaukel für zwei in aller Welt zusammengetragen und in der Lobby oder der Bar platziert. „Der Trend geht zurück zu klassischen Formen und zur Gemütlichkeit", sagt Rosen. So gibt es in der Lobby auch eine Sitzecke mit Kamin, in dem eine Gasflamme lodert und das verschlungene Logo des Hauses prangt. Statt des üblichen Fells auf dem Boden gruppieren sich um die Feuerstelle Liegesofas aus echtem Pelz. Konsequent werden die Farbskala und der Duktus der öffentlichen Räume mit maßgefertigtem Mobiliar, Natursteinbädern und Design-Objekten in den Zimmern und Suiten fortgesetzt. Weiterer Wohlfühl-Faktor für polyglotte Gäste: der 600 Quadratmeter Wellness-Bereich im spektakulären Dachaufbau. Unter Regie von Architekt Nik Schweiger sind drei Konferenzräume und eine sinnliche Fitness- und Wellnesswelt entstanden. „Business und Entspannen Tür an Tür, das ist das Raumkonzept für Hotels der Zukunft", so Schweiger.

Roomers Wellnes- und Fitnesswelt:
mit allen Sinnen genießen und relaxen

Nik Schweiger (3deluxe-Biorhythm)
ist bekannt für seine natürlichen Prinzipien
entlehnte Formgebung.

Genusslandschaft für alle Sinne

Roomers
Gutleutstraße 85
60329 Frankfurt-Bahnhofsviertel
T 069 271342-0
www.roomers.eu

Die Ähnlichkeit ist unverkennbar. Nik Schweiger, Architekt, und sein Bruder, der Schauspieler Til, haben aber nicht nur äußerlich viel gemeinsam. Das „Vernuscheln" einzelner Buchstaben beim Sprechen, die Vorliebe für lässige Kleidung und ein kreatives Händchen für ehrgeizige Projekte wurde beiden Brüdern offensichtlich in die Wiege gelegt. Den in Berlin lebenden Nik Schweiger verbindet einiges mit Frankfurt und der Region Rhein-Main: geboren in Gießen, Studium an der FH Wiesbaden, Gründung der Design-Schmiede 3deluxe 1992 in Wiesbaden, Prestige-Projekte wie Cocoon Club, aber auch freundschaftliche Bande. „Ich bin immer wieder sehr gern in Frankfurt", sagt Nik Schweiger. „Die Stadt hatte in den 1990er-Jahren ein tolle Clubkultur!"

> ***„In meinen Räumen soll der Mensch Wohlbehagen empfinden."***
> *Nik Schweiger*

2005 hat er die Wiesbadener 3deluxe-Konstellation verlassen und sich mit seinem Büro 3deluxe Biorhythm, firmierend unter biorhythm – modern recreation GmbH, in Berlin selbstständig gemacht. Der Firmenname ist Programm: „In meinen Räumen soll der Mensch Wohlbehagen empfinden", sagt Nik Schweiger und rückt seine braune Baskenmütze zurecht, ohne die er nie anzutreffen ist. In seiner Sturm-und-Drang-Zeit, als er in vielen Bars und Clubs überall auf der Welt unterwegs war, hat er sich zündende Ideen für seine Arbeit geholt. 2008 stellte Nik Schweiger beim Internationalen Design Festival Berlin aus. Hier zeigte er den Biorhythm Wallwasher, der seine Philosophie sehr anschaulich darstellt. Eine sich ständig verändernde Lichtmalerei fließt entlang der Wand, assoziiert den Blick aufs Meer. Damit soll dem Betrachter ein kreativeres Denken und emotionaleres Erleben ermöglicht werden als in „normalen" Räumen. Naturatmosphäre dient Schweiger als Gestaltungsvorbild, alles muss zusammenspielen: Ästhetik, Sound, Licht, Haptik, Formen, Farben.

ALLES IM FLUSS

Alles fließt im Konferenz- und Spa-Bereich des Roomers – Licht und Schatten, Wasser und Sound, Holz und Glas, natürliche Formen und die architektonischen Vorgaben des Gebäudes, Nähe und Ferne. „Wichtige Quelle für meine Gestaltungskonzepte sind die Formbildungsprozesse von Schwingungen. Form und Klang stehen nämlich in einem kreativen Verhältnis zueinander", so Architekt Nik Schweiger. Die weichen Linien der Raumteiler im Wellnessbereich aus nachhaltig produzierten Hölzern, High-Tech-Massagepool mit Aussicht auf den Fluss, Konferenzräume mit modernster Technik oder Waterjet-Liegen, auf denen man sich auch im Anzug oder Business-Kostüm massieren lassen kann. Wie aus einem massiven Holzblock herausgelöst, vermitteln Gestaltung und Material der Biorhythm Sauna die ganzheitliche Philosophie des Designers. Biorhythm steht dabei nicht nur für eine gesunde und genussvolle Lebensweise, sondern wird hier auch durch die Verbindung von Mensch zu Musik zum konkreten Gestaltungsprinzip. In diesem Saunakonzept wird Innenarchitektur und ihre Inszenierung mit Licht und Ton als ganzheitliche Kommunikation verstanden. Tagungsraum, Spa oder Sauna – hier wie dort erweist sich Schweigers charakteristische, organisch inspirierte Formensprache als ebenso stilprägend wie die virtuell erweiterten Raumkonzeptionen oder das signifikante Grafikdesign, das die Schnittstelle von Zwei- und Dreidimensionalität neu definiert. So zu sehen an den Fenster-Tattoos, die ihre von der Sonne beschienenen floralen Muster auf Boden und Wände der Flure, Arbeits- und Erholungsräume werfen. Schweiger berücksichtigt bei seinen Raumkonzepten immer die fantasievollen, sinnlichen Aspekte der menschlichen Wahrnehmung und integriert diese in seinen Raumkonzepten.

RÄUME SINNLICH ERFAHREN

Dreh- und Angelpunkt der sinnlichen Gesamtinszenierung auf der sechsten Hoteletage ist die Bar, die mit viel Licht in Szene gesetzt wird. Meterhohe Glasfassaden, eine ausgetüftelte Laserarchitektur und Deckenfenster signalisieren aber auch den Anspruch der Hotelbetreiber auf „Öffnung des Hotels nach draußen, zur Stadt hin". Auf der einen Seite der mit einem fein gesponnenen Deckensegel überdachten Bar laden die unterschiedlich ausgelegten und gestalteten Konferenzräume zu konzentriertem Austausch ein. Auf der anderen Seite ermöglicht die Fitness- und Spa-Zone Entspannung und Rekreation. Ein weiteres entscheidendes Element der Verbindung und sinnlichen Konzentration ergibt sich aus der Gestaltung des Interieurs. Es reflektiert von überallher den Blick auf die Frankfurter Skyline und den Main. „Ich möchte Räume für vernetztes und reflektiertes Denken öffnen, das sich mit einer genussvollen und gesunden Lebensweise in Einklang befindet", erklärt Nik Schweiger seinen ganzheitlichen Gestaltungsansatz, mit dem er Bereiche für Meetings und Konferenzen mit Räumen für Erholung verbindet. Dabei nutzt er den Wissenstransfer aus den Bereichen Wissenschaft, Kunst und Technik, um die Räume für den Gast gleichermaßen geistig und sinnlich erfahrbar zu machen.

Bar im historischen Gewölbekeller von 1839
Ein sehr guter Jahrgang

Seven Swans

Junior Suite: Mainblick aus der ersten Reihe

Gast-Haus

MAINKAI 4. DAS SCHMALSTE HAUS FRANKFURTS. Großzügig verglast. Eine gute Adresse für den ersten multifunktionalen Members' Club der Stadt. Lernen und kennenlernen, wohnen und arbeiten, kochen und genießen, einfach gut leben. Sieben Facetten auf sieben Etagen mit Mainblick und urbanem Ambiente. Das erwartet die Gäste im Seven Swans. Während das Konzept der Mitgliedskarte oder eines anderen sichtbaren Ausweises in der Frankfurter Club- und Partyszene wiederbelebt wird, verschafft Gästen und Freunden im Seven Swans der Fingerabdruck Einlass – ins versenkbare High Tech Kitchen Lab, zum Private Dining Restaurant, in die kleine, feine Kellerbar oder zu den Designer-Apartments. Die Kriterien für eine Zugangsberechtigung sind klar: Wer nicht eingeladen oder Member ist, darf nicht rein. Wie wird man Member? Ganz einfach! Man muss Inhaber Simon Horn, seine Partner Steen und Stella Rothenberger oder deren Freunde kennen, auf gleicher Wellenlänge liegen und von der Community empfohlen werden. Übernachtungs- oder Tagungsgast zu werden, ist auch nicht wirklich schwer. Anrufen. Sich bei Simon Horn oder seinem Team vorstellen. Und bei gegenseitiger Sympathie und Vertrauen kann man einziehen – für einen Tag, eine Nacht, eine Woche, einen Monat.

Interieur Seven Swans:
reduziert auf das Maximum

Badewonnen im Seven Swans

Willkommen im Club!

Maßgeschneidert statt einfach nur flexibel. So sind die Junior Suite und eine Senior Suite über zwei Geschosse im Seven-Swans-Haus konzipiert. Sie bieten in bester Innenstadtlage alles, was das urbane Leben definiert: innovativen, lichtdurchfluteten Wohnraum, exklusives Meeting-Ambiente und einen einzigartigen Blick auf den Main und von der Dachterrasse auf die Skyline. Fürs multifunktionale Interieur sorgt Designffm, ein innovatives Unternehmen, das Design-Klassiker des 20. Jahrhunderts verkauft und verleiht – von den klassischen Entwürfen des Bauhauses bis zu ausgewählten Möbeln der Gegenwart; oder die Gestaltung und Einrichtung kompletter Wohnungen, Clubs oder Bars übernimmt. So können die Gäste mit wenigen Handgriffen das Interieur nach Bedarf anpassen – oder anpassen lassen. Betten verschwinden in der Wand, Büroecken (WLAN, TV, DVD, Telefon für Business-Nomaden) mit Schreibtisch im Schrank, die Lichtstimmung kann man sich ganz individuell mit stufenlos einstellbaren Rollos selbst inszenieren, die Bäder werden zu einem Ort der Muße, und auf dem Balkon unterm Dach ist man dem beeindruckenden Dom und dem Himmel über Frankfurt ganz nah. Jeder Millimeter und jeder Winkel im schmalsten Haus der Mainmetropole werden originell genutzt.

EIN RAUM, ZAHLREICHE MÖGLICHKEITEN

Weil jede Party und jeder Abend mit Freunden sowieso in der Küche endet, wurde das Kitchen Lab im Seven Swans aus Vielseitigkeit gebaut. Multifunktional sind die Küchenmodule aus der Oberurseler Designer-Manufaktur E15, die wie von Zauberhand verschwinden können. E15 steht für zeitloses Design, ausgewählte Materialien und höchste Manufakturqualität. In Kooperation mit Architekten, Künstlern und Designern entwickelt das Unternehmen eine Kollektion, die mit reduzierter, moderner Gestaltung gleichermaßen Funktionalität und Komfort bietet. So entstehen eigenständige Produkte, die sich an die unterschiedlichen Bedürfnisse der Räume und ihrer Besitzer anpassen. Das Küchenlabor ist Empfangsraum, Bistro, Barerweiterung und Kochlabor zugleich. Ein Seven Swans Spiel- und Schauplatz eben. In der Vitrine findet man hochwertige Küchen-Accessoires und das mit dem Gourmand-WorldCookAward ausgezeichnete Kochbuch „Kochen mit Alkohol", zu dem Simon Horn die außergewöhnlichen Rezepte lieferte. Hier verraten er und seine Crew auch ihre kulinarischen Geheimtipps, entwickeln mit Gästen ein Wunschmenü und bereiten es aus den gemeinsam gekauften Zutaten aus der Kleinmarkthalle vor. Spätestens im Sommer 2010 können sich die Gäste auch einen Picknick-Korb zusammenstellen lassen und dann auf der eigens gefertigten Seven Swans Picknickdecken-Edition wie bei der Open-Air Opera in Glyndebourne dinieren, zum Beispiel am Main.

HOT SPOT FÜR CONNAISSEURS

Unter anderem lädt der Club seine Mitglieder jeden Samstag in das Restaurant im dritten Stock des Glashauses. Dann nämlich steht Simon Horn (auch Küchenchef des Restaurants Blumen in der Rotlintstraße) am Herd und kreiert bezaubernde Köstlichkeiten. Maximal 20 Personen können seine Menüs und einen herrlichen Panoramablick auf den Main und seine Schwäne goutieren. Mitglieder sind an den bespielten Abenden mit Reservierung herzlich willkommen und werden durch den Seven Swans Newsletter regelmäßig über die Menüs informiert. Natürlich steht das Restaurant auch für private und geschäftliche Mittag- und Abendessen sowie Candle-Light-Dinner und Presse-Events zur Verfügung. Termine für Lesungen und Konzerte sind angedacht und werden auf der Homepage bekanntgegeben.

> ***„Bevor das Haus versteigert wurde, war es jahrelang ein Bauskelett und die Gestaltung für uns eine große Herausforderung."***
> *Simon Horn*

AUSKLANG IN GUTER GESELLSCHAFT

Im alten Gewölbekeller des sanierten Stadthauses befindet sich die Seven Swans Bar mit wohlsortierter Cocktail-, Champagner- und Spirituosenauswahl. Für Freunde: Im Tresor der Bar können erlesene Getränke für den nächsten Besuch aufbewahrt werden. In der Seven Swans Bar genießt man den Abend in entspannter Atmosphäre und guter Gesellschaft – als Restaurantbesucher vor, während und nach dem Essen; als Seven Swans-Mitglied jederzeit an den Öffnungstagen. „Ist schon vorgekommen, dass ich in der Küche gearbeitet habe, die Tür ging auf, und ein Gast spazierte freundlich grüßend an mir vorbei direkt in die Bar. Die perfekte Umsetzung unserer Idee", sagt Seven-Swans-Vordenker Simon Horn.

Seven Swans
Mainkai 4
60311 Frankfurt-City
T 069 2199 6226
www.sevenswans.de

The Pure

Livingroom-Bar:
Longdrinks genießen in reduziertem
Weiß-Design aus Lack, Leder und Glas

Sinfonie in Weiß

KLARE LINIEN, FUTURISTISCH COOL, KOSMOPOLITISCH UND TROTZDEM INTIM – die beiden Hoteliers Micky Rosen und Alex Urseanu haben The Pure 2006 eröffnet – „für Menschen, denen das Wechselspiel zwischen Ruhe und Wandel wichtig ist." Für den stylishen Look im fünfstöckigen Loftgebäude, einer ehemaligen Textilfabrik aus der Jahrhundertwende, sorgt die klare Formensprache der Innenarchitektin Oana Rosen ... und die konsequente Verwendung der Farbe Weiß. Auf Anhieb schaffte The Pure den Sprung in das weltweit erscheinende „Yearbook of Design Hotels" – ein Ritterschlag auf dem heißen Markt der globalen Hotelkonkurrenz. Focus zählt The Pure zu den 550 besten Hotels der Welt, der Condé Nast Traveller setzt 2006 das Design-Hotel auf die Hot List, im selben Jahr wird The Pure mit seinen 50 Zimmern bestes Hotel in der Kategorie „true stylish" beim World Hotel Award 2006 und 2008 zum „Business Dream Hotel" im Nobel-Guide Best Business Hotels gekürt. Künstler, Kreative, Weltenbummler – „hauptsächlich Personen, für die Architektur, Kunst und Musik eine zentrale Rolle spielen, sind unsere Gäste", sagen die beiden Betreiber. Das klar strukturierte Entree mit Lobby, Empfang, Bar, Lounge und Frühstücksraum ist dezent und elegant als „Livingroom" gestaltet. Styling-Elemente: weißer Lack, eierschalenfarbene Lederelemente, Thassos Glasstone, ein edles Spezialglas, das wie Marmor aussieht, hellgraue Böden und ein innovatives Lichtkonzept. Denn neben der Innenarchitektur bestimmen Musik, Licht und gezielt eingesetzte Farbeffekte die Atmosphäre. So lässt sich der gesamte „Lebensraum" je nach Tageszeit anders inszenieren: morgens ruhig, hell und harmonisch, abends orange und voller pulsierender Energie. Der Patio mit wispernden Wasserspielen, raschelndem Bambus und gemütlichen „Fatboys" ist die konsequente Fortsetzung der kommunikativen „Freiräume" in der Lobby und den 50 Zimmern mit ihren annähernd vier Meter hohen Decken und High-Tech-Ausstattung wie kostenloses WLAN oder 20-Zoll-Flatscreen.

Lichtspiel für Business-Nomaden

Frühstücksraum, Bar und Lounge bilden als
Livingroom eine harmonische Einheit.

In der Welt zu Hause, in Frankfurt daheim

Aus den am weißen Sandstrand von Goa vergossenen Tränen geboren: die Lovestory der indischen Schönheit Minnie Lalminghliani und des deutschen Ingenieurs Jürgen Krampitz und einer „Blume, die morgens früh aufblüht und duftet". So blumig kann man nämlich den indischen Namen Mawitei übersetzen, den das deutsch-indische Paar seiner kleinen Tochter gibt. Marianne, so ihr deutscher Name, erblüht und erlebt durch die internationale Tätigkeit ihres Vaters eine Kindheit, die auch in unserer globalisierten Gesellschaft nicht üblich ist. „Die wohl schönste Zeit als Kind erlebte ich in Kinshasa", erzählt die 24-Jährige heute. Im ehemaligen Zaire, der heutigen Republik Kongo, besuchte die kleine Marianne einen internationalen Kindergarten. „Alles war so bunt und fröhlich", erinnert sie sich. Von Afrika nach Südfrankreich, von Südfrankreich ins bayerische Gröbenzell. Dort träumte Vater Jürgen immer wieder von einer Halbinsel mit einem Turm darauf und findet sein Traum-Land bei einer Passage in der Nähe des spanischen Malaga, genauer Nerja, und so bekommt die „Blume, die morgens aufblüht und duftet" ein neues Zuhause.

DIE WELT ENTDECKEN

Mit neun Jahren macht Marianne Krampitz zum ersten Mal Modeaufnahmen. Unzählige Shootings in Hongkong, Mailand, Südafrika, Dubai und vielen anderen Mode-Hotspots rund um den Globus sind mittlerweile dazugekommen. Samsung, Levi's, Carlsberg – die „Blume, die morgens aufblüht und duftet", lächelt von vielen Plakaten, Litfaßsäulen, in Werbespots und auf den internationalen Laufstegen. Die bekannte Modelagentur lookmodels international, die auch das Topmodel Naomi Campbell unter Vertrag hat, sorgt für einen vollen Terminkalender. Doch die oberflächliche Glitzerwelt der Modebranche und ihr Schlankheitswahn hatte die weitgereiste, aber bodenständige Marianne irgendwann einmal satt. „Ich wollte was Gescheites machen", sagt sie. „Einen Beruf erlernen." Stewardess? Modedesign? Sogar bei der Bundeswehr will sie sich bewerben. Doch sie besinnt sich auf eine Branche, die sie durch ihre vielen Reisen von Kindesbeinen an kennt: Hotelfachfrau ist der passende Beruf, davon ist sie überzeugt. In der Nähe von Freiburg, in der kleinen 2000-Einwohner-Gemeinde Badenweiler, findet sie einen Ausbildungsplatz – allerdings zu recht menschenunwürdigen Konditionen und ohne Vertrag. Trotz 16-Stunden-Tag, Sieben-Tage-Woche und despotischen Lehrherren kommt Aufgeben für Mawitei nicht in Frage. So stöbert sie im Internet nach einem anderen Ausbildungsplatz – und stößt auf „die wunderschönen Fotos von der Rezeption des Frankfurter Bristol und des dazugehörigen The Pure in der Nachbarschaft", schwärmt sie.

> *„Einerseits eine Großstadt mit tollen kulturellen Angeboten und einer großartigen Architektur, andererseits sehr überschaubar, **fast wie ein großes Dorf,** das macht Frankfurt als Stadt so angenehm."*
> *Marianne Krampitz*

HERZBLUT-HOTEL

Gesucht – gefunden! Für das Vorstellungsgespräch 2006 mietet sie sich kurz entschlossen ein Auto und erzählt ihren potenziellen neuen Chefs Micky Rosen und Alex Urseanu frank und frei von den Problemen in ihrem bisherigen Ausbildungshotel. Die beiden Frankfurter Hoteliers wissen schnell, dass die international geprägte Marianne mit ihrer herzerfrischenden Frohnatur, die dazu vier Sprachen spricht, eine Idealbesetzung für ihre Design-Hotels ist. Nach Probearbeiten, die sie in aller Heimlichkeit neben der Lehre absolviert, will man sie unbedingt engagieren. Und Marianne fühlt sich endlich angekommen und sichtlich wohl in ihrer neuen Heimat Frankfurt. „Heimat ist da, wo ich mich wohlfühle. Und in Frankfurt und in meinem Job in den Hotels von Alex Urseanu und Micky Rosen fühle ich mich richtig wohl. Tolle internationale Atmosphäre, nette, junge Kollegen und Kolleginnen, die Company, die meine Familie geworden ist und zwei Chefs, die jedem Mitarbeiter etwas zutrauen und eine Chance geben. Ich durfte schon als Auszubildende verantwortungsvolle Jobs übernehmen – davon habe ich in meiner ersten Ausbildungsstelle nicht einmal träumen dürfen." Die Mainmetropole selbst hat für die weitgereiste Marianne besonderen Charme: „Einerseits eine Großstadt mit tollen kulturellen Angeboten und einer großartigen Architektur, andererseits sehr überschaubar, fast wie ein großes Dorf, das macht Frankfurt als Stadt so angenehm." In Frankfurt möchte Marianne Krampitz noch eine Weile bleiben, sich beruflich weiterentwickeln, noch viele Freundschaften schließen, durchstarten. Aber die große, weite Welt lockt. Umzug – irgendwann, irgendwohin – ist nicht ausgeschlossen.

The Pure
Niddastraße 86
60329 Frankfurt-Bahnhofsviertel
T 069 7104570
www.the-pure.de

Stil-Leben: Livingroom und Lobby im Turm Hotel

Details machen den Unterschied.

Turm Hotel

KUNST-HOTEL

Hoteldirektorin Tanja Will gibt dem Frühstücksbuffet einen kunstvollen Rahmen.

„KREATIVITÄT IST DIE EINTRITTSKARTE IN DIE ZUKUNFT." Tanja Will führt nach diesem Zitat des wortgewandten Unternehmers Norbert Stoffel das Turm Hotel. Das originell eingerichtete Haus im Herzen der Frankfurter City, ausgezeichnet als Drei-Sterne-Superior Hotel, wurde 2007 als eines der beiden einzigen ausgewählten Hotels der Mainmetropole in den renommierten Avantgarde-Guide für „Inspiring Boutique Hotels" aufgenommen. Das „Händchen" von Tanja Will entdeckten neben vielen Gästen auch die anonymen Tester des Gastronomiepreises Hessen und katapultierten das Turm Hotel in den vergangenen Jahren gleich dreimal auf Platz eins im Ranking der besten hessischen Drei-Sterne-Hotels. Denn die geschäftsführende Gesellschafterin des Turm Hotels kennt die Wünsche ihrer Gäste genau und hat eine außergewöhnliche, sehr individuelle Atmosphäre in ihrem Haus geschaffen. Ausschließlich natürliche Materialien wie Holz, Leder und Naturstein kommen bei der Einrichtung zum Einsatz. Alles wirkt einladend und warm. Die Liebe zum Detail zieht sich wie ein roter Faden durch alle Räume – vom Empfang, der Bar bis zum Frühstücksraum und den Themen-Zimmern, die alle Unikate sind. „Unsere Gäste sollen wohnen wie zu Hause", so das Credo der Hotelchefin.

Hotelrestaurant Maddox

Kunst im Hotel

nutella

Die Querdenkerin

Im Turm Hotel ist nichts von der Stange, dafür sorgt Tanja Will mit ihrer ganz individuellen Handschrift. Das Künstlerische liegt ihr im Blut und so arbeitet sie immer wieder an der Umgestaltung des Hotels. Selbst ist die Frau, denkt sich die kreative Hotelchefin und scribbelt viele ihrer Ideen den verdutzten Handwerkern selbst aufs Millimeterpapier, gibt Ausführung, Materialien, Farben und Formen vor. Die originellen Accessoires und Gegenstände, die sich im Hause finden, trägt sie zumeist auf internationalen Messen und Reisen zusammen.

Der imposante „King's Chair" in der Lobby, ein königlich anmutender Stuhl, zusammengebaut aus Teilen eines Einbaums, eines Schlittens und eines Ochsengespanns, ist ein echter Hingucker. Drei dekorative Holzherzen hat Tanja Will bei einem Stopover im Badischen in einem ihrer liebsten Gasthöfe dem Hausherrn ‚abgeschwatzt', der diese originellen Herzen ursprünglich eigenhändig beim Brennholzhacken für seine Gattin gesägt hatte. Die knallroten Kinosessel in einem der Flure stammen aus dem großelterlichen Kino Center und vermitteln ihren besonderen Charme. An den Wänden hängen nicht nur Gemälde von Künstlern aus der Region, einige sehenswerte Kunstobjekte hat Tanja Will selbst angefertigt, zumeist farbenfrohe und voluminöse Werke. Nomen est omen: Im modern gestylten Restaurant Maddox, was soviel bedeutet wie „verrückte Hunde", dekoriert die kunstaffine Hotelchefin mit allerlei witzig dreinblickenden Vierbeinern aus Holz, Kunststoff und Porzellan.

MIT ELAN ZUM HERZBLUTHOTEL

Aller Anfang ist schwer, das hat auch die attraktive dunkelhaarige Hotelchefin erfahren. Nach Textil-BWL und anschließendem Marketingmanagement-Studium kommt die gerade mal 28-Jährige in die Mainmetropole, um zunächst branchenfremd als jüngste Chefin, die es wohl je in der Frankfurter Hotelbranche gab, das Erbe des verstorbenen Vaters weiterzuführen: ein Hotel im typischen 70er-Jahre-Stil. Das Budget war begrenzt, ihre Ideen sind aber grenzenlos. So schüttet sie, als eine ihrer ersten Aktionen, körbeweise Zitronen in das damals noch etwas düstere „Schaufenster". Das sah erfrischend aus, und die Zitrusfrüchte verbreiteten ihren Duft im ganzen Eingangsbereich. Schnell wurde das Hotel liebevoll „Haus der Zitronen", genannt, und bereits diese Idee wurde von anderen Frankfurter Geschäftsleuten kopiert. Spätestens dann aber ist es Zeit für Tanja Will, neu zu dekorieren: „Was die Anderen haben, muss bei uns nicht sein." Mit ihren interessanten Ideen, Umbauten und Dekorationen sorgt sie nun seit vielen Jahren für Furore.

LEBENS(T)RAUM HOTEL

Ebenso tragen die von ihr geschaffenen Themenzimmer „Mona Lisa", „Avantgarde" oder „Oriental Hip" ihre persönliche, prägnante Handschrift: mal schick, mal hip, mal klassisch. Die unterschiedlichen Einrichtungsvarianten zeugen von künstlerisch-kreativer Vielfalt. Im Mona-Lisa-Zimmer wird man mit Samt und schmiedeeisernen Elementen auf ganz besondere Art empfangen und verwöhnt. Fackelleuchten und hochwertige Fliesenarbeiten im Badezimmer mit ausgefallenen Armaturen runden das Konzept gelungen ab. Und die Mona Lisa mit ihrem unergründlichen Lächeln liegt dem Gast im wahrsten Sinne des Wortes zu Füßen. Ein speziell angefertigter Teppichboden zeigt in computertechnischer Aufpixelung das Gesicht der Da-Vinci-Schönheit. Eine Passepartout-Legende illustriert die Entstehung.

INNOVATIONEN MIT ESPRIT

„Zum Sehen geboren, zum Schauen bestellt, dem Turme geschworen, gefällt mir die Welt." Wer Tanja Will kennt, weiß, dass dieses Goethe-Zitat, das auch auf einem der Teppichböden in den Designerzimmern zu lesen ist, exakt ihre gelebte Einstellung trifft. Und sogar während des Interviews überlegt die Hotelchefin schon wieder – während wir im Haus unterwegs sind zu einem der multimedialen Tagungsräume –, was sie am Treppenhaus verändern könnte. „Ideen kommen häufig unerwartet in Gesprächen, wenn ich etwas erzähle. Mein Unterbewusstsein bringt ganz plötzlich eine Idee hervor, und ich habe dann den Tatendrang, das auszufeilen und zu realisieren." Sie spricht von derzeitigen Plänen mit den Themen „Klimt" und „WoodsNature", verrät aber nicht, worum es dabei gehen wird. Sicher darf man auf kreative Umsetzungen gespannt sein.

Turm Hotel
Eschersheimer Landstraße 20
60322 Frankfurt-City
T 069 154 050
www.turmhotel-fra.de

„Was die Anderen haben, muss bei uns nicht sein."
Tanja Will

Hotel Victoria

Nach der umfangreichen Sanierung erstrahlt die denkmalgeschützte Fassade in neuem Glanz.

Historische Baukunst und zeitgenössisches Design geben dem Hotel seinen unverwechselbaren Stil.

Familien-Betrieb

JAKOB UND HARRY SCHNABEL BESCHLOSSEN ANFANG DER 90ER JAHRE, DAS VIELE JAHRE LANG LEERSTEHENDE GEBÄUDE ECKE KAISERSTRASSE/ELBESTRASSE – EINE ARCHITEKTONISCHE PERLE, WIE SIE FANDEN – ZU SANIEREN und ein anspruchsvolles Hotelprojekt zu realisieren. Wichtigste Triebfeder war dabei: Das Hotel Victoria wurde seit den 1950er Jahren von ihren Eltern betrieben. So erlebt es nicht nur aus kaufmännischen Überlegungen eine Renaissance. Die emotionale Verbundenheit der beiden Inhaber mit dem Haus spüren auch die Gäste.

Herr Schnabel, warum eröffnet man Anfang der 1990er Jahre ein Hotel im Frankfurter Bahnhofsviertel?
Jakob Schnabel: Erstens findet man in keinem anderen Viertel Frankfurts so komprimiert Beispiele für die Baukunst des Jugendstils und des Historismus vor. Zweitens siedelte sich neben vielfältigen ethnischen Kulturen schon damals eine aus Künstlern, Architekten, Fotografen, Journalisten und Werbern bestehende Avantgarde im Bahnhofsviertel an. Diese Wechselwirkung zwischen Architektur und Mensch in einem zugegebenermaßen ordnungsrechtlich nicht immer zufriedenstellenden Lebensraum hatte etwas Abenteuerliches ... und Reizvolles.

Seit 2009 werden alle Zimmer und Bäder im Hotel Victoria neu gestaltet. Ist die Halbwertzeit in der Hotellerie so kurz?
Jakob Schnabel: Die nachvollziehbare Sehnsucht mancher Betreiber, dem Zeitgeist in immer dichter werdendem Abstand folgen zu wollen, hat etwas Gefährliches. Hoteliers sind gut beraten, ihre Zimmergestaltung so zu wählen, dass nicht schon der nächste Trendwechsel die Investitionen obsolet werden lässt. Grundsätzlich ist hochwertiger, aber zeitlos minimalistischer Chic angesagt. Dieser ist freilich im Detail durch mobile und damit schnell anpassungsfähige Einrichtungskomponenten zu ergänzen – dieses Konzept setzen wir im Hotel Victoria gerade um.

Was sind Ihrer Meinung nach die neuen Kategorien für die Hotels der Zukunft?
Jakob Schnabel: Konservative Gäste werden sich auch in Zukunft nach den „Sternen" richten und den Standard der ihnen vertrauten Hotelkette wählen. Individualisten dagegen verlassen „ausgetretene Hotelpfade". Der neue Weg führt häufig zu uns. Denn wir möchten unseren Gästen Individualität und ein Zuhause – wenn auch nur auf Zeit – bieten.

Zeitzeuge

Wussten Sie, dass es in Frankfurt einmal drei Bahnhöfe, alle entlang der Gallusanlage gelegen, gab? Und dass Kaiserstraße, Münchener Straße und Taunusstraße einmal Eisenbahnstrecken waren? 1.000 und mehr interessante Geschichten und Anekdoten von der Architektur und Historie seiner Geburts- und Heimatstadt weiß Heinz Schomann, oberster Frankfurter Denkmalschützer a. D., zu erzählen. Auch über die des Hotels Victoria, an dessen Fassadensanierung er maßgeblich mitwirkte.

IM BAHNHOFSVIERTEL ENTSTANDEN DIE ERSTEN KINOS, KAUFHÄUSER UND VARIETÉS

Das Frankfurter Bahnhofsviertel, der zuletzt urbanisierte Frankfurter Stadtteil, wurde von 1888 bis 1913 primär als Geschäftsviertel geplant und realisiert. Vorausgegangen war die Zusammenfassung und Verlegung der drei Frankfurter Bahnhöfe rund 600 Meter weiter westlich zu einem einzigen großen, dem heutigen Hauptbahnhof. Bis zur Einweihung des Leipziger Bahnhofs (1915) war der Frankfurter Hauptbahnhof der größte in Europa. Die ehemaligen Gleisbetten wurden zu Straßen umgenutzt, die Querstraßen erschlossen und zur Bebauung freigegeben. „Das war eine der wenigen konsequenten Frankfurter Stadtplanungen", resümiert Schomann. Im neuen Viertel entstanden die ersten Kinos, Kaufhäuser und Varietés der Stadt. Berühmte Künstler wie Josephine Baker gastierten beispielsweise im Varieté- und Revuetheater Schumann, das allabendlich bis zu 4.500 Zuschauern Platz bot. Und am Eingangstor zur damals größten preußischen Stadt entstanden auch zahlreiche Hotels und Herbergen – 55 allein im Bahnhofsviertel. Die russische Revolution, der Erste Weltkrieg, die Inflation – nur zwei Hotels mit ihren prachtvollen Fassaden im Bahnhofsviertel haben die Stürme der Zeit überstanden: das Hotel Victoria und das Le Méridien Parkhotel. Die historisierenden Fassaden sind saniert und erinnern an das Flair der Jahrhundertwende, das einst im Quartier Architektur und Lebensgefühl bestimmte.

SCHÖNE AUSSICHTEN VOM BELVEDERE

Das Gebäude des Hotels Victoria an der Ecke Kaiser-/Elbestraße wurde von den renommierten Architekten Josef Rindsfüßler und Martin Kühn entworfen. Auftraggeber: der Gastronom Georg Gailer. Die Dreiflügelanlage mit Werksteinfassade im Stil des Neobarock umschloss einen kleinen Hof. Da es in Frankfurt bis heute keine innerstädtischen Boulevards wie beispielsweise in Barcelona oder Paris gibt, wurde der vor dem Hotel Victoria liegenden Kreuzung durch die Frontabschrägung des Hotels größerer Raum und damit urbanes Flair gegeben. Auf dem Dach des Hotels Victoria ist eine Frankfurter Besonderheit zu finden: ein Belvedere. Nur drei dieser Türmchen für die schöne Aussicht, „die aber niemand benutzte", wie Kunsthistoriker Heinz Schomann weiß, sind im Bahnhofsviertel erhalten: in der Kaiserstraße 49 und 68. „Belvederes sind seit der Renaissance in der Feudalarchitektur zu finden. Wohlhabende bauten sich einen solchen aufs Dach, um in die Welt zu gucken. Dabei ist der Ansatz nicht die Funktion, vielmehr reine Zierde", erläutert der ehemalige Stadtdenkmalpfleger. „Wichtig für einen solchen Aufbau ist die Betonung der Ecksituation bzw. einer Kreuzung."

DAS HOTEL VICTORIA WAHRT DIE HISTORISCHE FASSADE

Die noble Fassade des Hotels Victoria präsentiert sich seit 1893 aus regionalem gelbem Sandstein und der für die Jahrzehnte des Historismus typischen Stilkombination von Neurenaissance und Neobarock. Charakteristisch ist die auf den ersten Blick völlig symmetrische Gestaltung beider Straßenfronten. Sie folgt dem aufwändigen Prinzip, jede Fläche so zu gestalten, dass ein plastischer Gesamteindruck entsteht. Dazu wurde jeder Stein kunstvoll bearbeitet. „Die auffällige Vertikalgliederung aus übergreifenden Pilastern und Lisenen wird gemildert durch eine dreizonige Gestaltung, bei der die beiden unteren Geschosse als Basis mittels breit gefugter Bänderrustika zusammengefasst sind. Das zweite Obergeschoss ist als Beletage durch Segmentgiebel der Fenster hervorgehoben und mit dem folgenden Stockwerk kombiniert. Reich profiliert wirken Dachgesims und Erker," erklärt Heinz Schomann.

NEUER LOOK FÜR DIE GÄSTEZIMMER

Sehr kurz und knapp war das Briefing, erinnert sich die Innenarchitektin des Projekts, Madelaine Moes von Designers House: „Berücksichtigen Sie die historischen Vorgaben der Räume und der Fassade!" So wurde wunderbarer geölter Parkettboden verlegt, die historische Wandtäfelung aufgegriffen und modern interpretiert, Stuckprofile rekonstruiert, die Betten mit vielen Kissen so gemütlich wie eine Sofanische gestaltet. Nomen est omen: Die Namensgeberin Queen Victoria, ihr Prinzgemahl Albert und ihre Anverwandten sind auf allen Etagen in flächigen Pop-Art-Porträts anzutreffen und setzen moderne Akzente. Dazu unterstreichen unterschiedliche Möbel – von Schränken, Schreibtischen bis zu Nachttischen – die persönliche, individuelle Atmosphäre der Gästezimmer Ebenso individuell: die Badezimmer mit freistehenden Badkonsolen und Waschtischen. Auch hier ist die Queen wieder anzutreffen: auf den Ganzglas-Duschabtrennungen beispielsweise. „Hotelgäste sollen nach einem geschäftigen Tag nicht austauschbare Räume vorfinden, sondern so viel wie möglich ‚Personality' erleben", so Innenarchitektin Moes.

Der promovierte Kunsthistoriker **Heinz Schomann** studierte in Frankfurt und Italien Kunstgeschichte mit dem Schwerpunkt Baugeschichte. 1972 kam er als „One-Man-Show" ins just gegründete Frankfurter Amt für Denkmalpflege. In 30 Jahren strukturierte und sichtete er mit einer wachsenden Zahl von Mitarbeitern die historische Bausubstanz, baute Text- und Fotoarchive auf und gab das erste Denkmalbuch der Stadt Frankfurt heraus.

„Häuser im Bahnhofsviertel sind von vorzüglicher Qualität; Formen und Funktionen wurden harmonisch kombiniert – so auch bei der Fassade des Hotels Victoria.“ *Heinz Schomann*

Hotel Victoria
Kaiserstraße 59/Elbestraße 24–26
60329 Frankfurt-Bahnhofsviertel
T 069 273 060
www.victoriahotel.de

Villa Florentina

Frühstücksraum und
Lobby für die Toskana-Fraktion

Ein bisschen Toskana im Frankfurter Westend

IM FRANKFURTER WESTEND ATMET DIE STADT DEN DUFT DER REICHEN UND SCHÖNEN. Schon Mitte des 19. Jahrhunderts ließen sich in diesem Viertel wohlhabende Bürger großzügige Domizile errichten. So kann man hier die opulentesten Gründerzeitfassaden Frankfurts bewundern. Die herrschaftliche heutige Villa Florentina entstand 1904 in der ruhigen Westendstraße. 1950 eröffnet in den stilvollen Mauern das „Hotel Hübner", das bis 1989 in Familienbesitz blieb und seit April 2005 von den erfahrenen Hotel-Entwicklern Harry und Jakob Schnabel weitergeführt wurde. 1998 ist die „Florentina" das erste Hotel Frankfurts, das als Drei-Sterne-Hotel vom Deutschen Hotel- und Gaststättenverband qualifiziert wird.

Der Name „Villa Florentina" ist seit der Renovierung 2006 Programm: Das Haus vermittelt mediterranes Lebensgefühl. „Bei der Renovierung haben wir versucht, den Stil und das Lebensgefühl einer florentinischen Villa aufzugreifen und für ein Hotel adäquat umzusetzen", erklärt Innenarchitektin Madelaine Moes, Masterhead von Designers House, das Konzept des Hauses. Und so wurde die alte Westendvilla zu einem Gästehaus mit privatem Flair. Ein Highlight: der schöne, begrünte Hof – halt ein bisschen wie in der Toskana! Ornamentik wie bei schmiedeeisernen Gittern zieren Glasflächen und terrakottafarbene Wände, im Frühstücksraum sorgen kleine rote Sofas und eine große Bibliothek für heimeliges Ambiente. Uniforme Heizkörper wurden durch von Hand geschmiedete, historische Eyecatcher ersetzt. Wohnzimmer-Flair auch auf den Zimmern: freistehende Schränke, einzelne, gepolsterte Bettkopfteile, individuelle Beistelltische und Lampen gehören zum Konzept der Innenarchitektin, die auf die Einrichtung von Hotels weltweit spezialisiert ist. Mehr als 80 Hotels – Zwei-Sterne-Häuser und Hotelgruppen ebenso wie inhabergeführte Designer- und Fünf-Sterne-Häuser – hat Madelaine Moes bereits konzipiert und eingerichtet.

Na Sofas!
In der Villa Florentina
logiert man wie zu Hause.

Mein Leben im Hotel

Wladimir Kaminer (42) ist ein Phänomen: Eigentlich erzählt der Toningenieur, studierte Dramaturg und Wahl-Berliner „nur" Anekdoten aus seinem Leben. Dass er mit seinen Geschichten und Büchern so erfolgreich ist, liegt am humorvollen Erzählstil und dem besonderen Blickwinkel des gebürtigen Moskauers, der seit 1990 in Berlin am Prenzlauer Berg lebt. Alltag à la Kaminer, das ist Realsatire pur. Nach Berlin gekommen ist er während der Perestroika und auch nur, weil er mal „den Westen sehen wollte". „Zum Spaß und aus Neugier" ist er dann einfach dageblieben. Kaminer ist Initiator der mittlerweile legendären Russendisko. Mit dem gleichnamigen Erzählband sowie zahlreichen anderen Titeln („Ich mach mir Sorgen, Mama", „Reise nach Trulala" oder „Militärmusik") avancierte er zu einem der beliebtesten Autoren Deutschlands. Kaminer veröffentlicht zudem regelmäßig Texte in verschiedenen Zeitungen von FAZ bis taz. Seine Kolumnen wie „Deutschland grillt – aber getrennt", „Melonen statt Konsumhektik" oder „In Russland ist alles größer – auch die Fische" sind Kult und werden auf YouTube tausendfach angeklickt.

Beobachten Sie ebenso akribisch wie das Leben in der Provinz („Mein deutsches Dschungelbuch") oder im Schrebergarten („Mein Leben im Schrebergarten") das Leben im Hotel?

Es ist 9.30 Uhr am Morgen nach einer langen Lesung am Vorabend, und Kaminer schweigt, überlegt.

„Ich bin es gewohnt, in Hotels zu übernachten, verbringe die Hälfte meiner Zeit in Hotels. Faszinierend dabei ist, als Gast durchs Leben zu gehen. Das ist so komfortabel. Ich bin gerne Gast. Da muss man keine Verantwortung übernehmen: nicht für Dinge, nicht für Menschen. Ein Hotel gibt die Illusion der Verantwortungslosigkeit, man verweilt nur flüchtig an einem Ort. Kaum angekommen, muss man schon weiter. Das Hotel sorgt aber auch für die Illusion der Ruhe, der Leichtigkeit, die es im wirklichen Leben gar nicht gibt.

Sich fallen lassen in die Arme der Gastgeber und Service-Engel im Hotel, das ist es also, was Sie am Leben im Hotel schätzen?

Wladimir Kaminer sinniert.

„Im Hotel wird man wie bei Freunden empfangen. Der Gastgeber stellt sein Haus, viele schöne Sachen wie Sauna, Fitnessraum, Kunst-Objekte oder eine Bibliothek – wie hier in der Villa Florentina – zur Verfügung. Nur ist der Gastgeber meist nicht anwesend, er ist unsichtbar. Das ist doch sehr lebensnah. Auch unser Leben hier auf der Erde hat einen unsichtbaren Gastgeber."

Kaminer schmunzelt über den Vergleich, den er formuliert hat.

„Jetzt hebe ich Hoteldirektoren auf eine sehr erhabene Ebene!"

Mit Anekdoten aus Ihrem Leben räumen Sie in Deutschland kräftig ab. Wie unterhaltsam ist das Leben im Hotel?

„Manchmal hat man wirklich Spaß. Ein Kollege, mit dem ich auf Lesereise war, trank immer abends als Erstes nach dem Einchecken einen Wodka. Und er hat sich stets gewundert, woher das Personal beim Auschecken am nächsten Morgen wusste, wann und wie viel Wodka er aus der Minibar genommen hatte. Das wollte er ergründen. Also nahm er kurz vor dem Auschecken noch ein Fläschchen aus der Minibar, spurtete an die Rezeption und zahlte. Auf der Rechnung waren alle Wodkas berechnet, auch der eben erst zu experimentellen Zwecken getrunkene. Nun hatte mein Kollege zwei Theorien: Erstens, das Personal konnte den Wodka wahrscheinlich riechen, wenn er zahlte. Zweitens, der Kühlschrank ist eigentlich eine elektronische Waage, und immer wenn der Gast etwas aus daraus nimmt, gibt es an der Rezeption ein Signal. Besonders seine zweite Theorie wollte er überprüfen. Nach mehreren gescheiterten Versuchen hatte er die durchschlagende Idee: Er füllte ein Wodka-Fläschchen in ein Wasserglas und goss die Flasche mit Wasser nach. Denn so würde sich ja das Gewicht des Kühlschranks nicht verändern und an der Rezeption kein Signal eingehen. Aber als er den Wodka dann genussvoll trinken wollte, stellte er fest, dass bereits ein anderer Gast dieselbe Idee gehabt hatte.

Herr Kaminer, Hotelbett, eigenes Bett, Ehebett, im Auto oder Flugzeug – wo schlafen Sie am liebsten?

Wie aus der Pistole geschossen:

„Ich schlafe grundsätzlich gerne, egal wo."

Und nach einer kurzen Pause:

„Ich habe mal in Görlitz an der deutsch-polnischen Grenze übernachtet. Da war nachts kein Geräusch zu hören, eine fast unheimliche Stille. Da niest noch nicht einmal jemand. Frankfurt hingegen ist zu lebendig, zu laut – aber in Frankfurt gibt es ja auch anderes zu tun, als zu schlafen!"

Design- oder Business-Hotel, Luxusherberge oder kleine Pension, wo checken Sie lieber ein?

„Ich mag ältere oder individuelle Häuser, die entweder eine Geschichte weiterschreiben oder für sich erfinden. Hier in der Villa Florentina war ich schon öfter. Oder zum Beispiel im Hotel Savoy in Köln. Von außen ein grauer, neunstöckiger Kasten an einer Hauptverkehrsstraße. Drinnen kann hinter jeder Tür Afrika, Asien, Italien oder der Orient liegen. Kein Zimmer gleicht dem anderen. Hier Tigerfell, dort rote Karpfen im Klo, woanders ein Buddha – ein ‚Überraschungsei' reiht sich ans nächste."

Hotel Villa Florentina

Westendstraße 23

60325 Frankfurt-Westend

T 069 974 037 0

www.hotelflorentina.de

Urbanes Bio-Feeling:
Hotelchefin Christiane Hütte serviert 100 Prozent Bio-Qualität zum Frühstück und bei Tagungen.

Villa Orange

Kunst im Foyer, eine gut bestückte Bibliothek – es gibt viel zu entdecken in der Villa Orange

Einfach gut schlafen zwischen Himmel und Bett

Bio-Hotel mit Brief und Siegel

BIO IST LOGISCH FÜR CHRISTIANE HÜTTE, INHABERIN DES ERSTEN FRANKFURTER BOUTIQUE-HOTELS MIT BIO-SIEGEL, NACHHALTIGES WIRTSCHAFTEN NUR KONSEQUENT. Und so haben seit Januar 2009 die Gäste der Villa Orange die Garantie, dass auf ihren Frühstückstellern ausschließlich gesunde und leckere Speisen aus kontrolliert biologischem Anbau kommen. Wo immer möglich, bezieht das Hotel sogar Produkte der privaten Anbauverbände Demeter, Bioland und Naturland, die noch wesentlich strengere Vorgaben als das Bio-Siegel erfüllen. „Unser ‚Business-Hotel mit Charme' wendet sich an Reisende, die auch unterwegs ihren bewussten Lebensstil verwirklichen möchten. Für uns ist es daher nur konsequent, dem Wunsch nach gesundem und umweltverträglichem Essen nachzukommen", argumentiert die Hotelchefin. Tagungsgäste können sich über eine erweiterte Bio-Pauschale freuen. Neben der Pausenverpflegung kommt nun auch das Mittagsbuffet in Bio-Qualität auf den Tisch. „Jeder Hotelier prägt sein Haus mit seinem persönlichen Stil und seiner Weltanschauung. Ich möchte, dass das Bewusstsein für gesunde Ernährung und eine umweltverträgliche Lebensführung wächst. Im Hotel, in diesem kleinen Rahmen, kann ich etwas bewegen." Deswegen wird der Nachhaltigkeitsgedanke in der Villa Orange in vielen kleinen und großen Schritten realisiert: Alle Putzmittel sind bereits umweltverträglich, in Bettwäsche aus Bio-Baumwolle betten auch LOHAS gern ihr müdes Haupt, der Bezug von Ökostrom wird gerade ebenso geprüft wie die Möglichkeiten einer optimierten Energieversorgung mit regenerativen, umweltfreundlichen Heiz- und Klimasystemen. Und wer nach einem anstrengenden Business-Tag oder Meeting „nach Hause kommt" in die Villa Orange, der kann in der einladenden Bibliothek in der gesammelten Weltliteratur stöbern oder im lauschigen Gärtchen entschleunigen.

Frisch wie der Morgen:
Frühstücksraum in der Villa Orange

Der Provokateur

Roger Willemsen, geboren in Bonn, studierte Germanistik, Kunstgeschichte und Philosophie in seiner Heimatstadt, in Florenz, München und Wien. Nebenher arbeitete er als Nachtwächter, Reiseleiter und Museumswärter. 1984 promovierte er über die Dichtungstheorie Robert Musils. Anschließend unterrichtete er als Assistent für Literaturwissenschaft an der Universität München. Sein Habilitationsvorhaben über den „Selbstmord in der Literatur" gab er zugunsten seiner Tätigkeit als freier Autor auf. Die weitere berufliche und private Vita von Roger Willemsen – Moderator, Kolumnist, Journalist, Autor, Film- und Musikproduzent, Videokünstler, Regisseur, Weltenbummler und Weltverbesserer (Schirmherr des Afghanischen Frauenvereins e. V. zum Beispiel) – liest sich wie die eines Renaissance-Menschen. Für seine journalistische und literarische Tätigkeit wurde Willemsen merhfach ausgezeichnet: Er erhielt u. a. den Grimme-Preis in Gold und den Bayerischen Fernsehpreis, den Preis der ENIT für das beste Italien-Buch des Jahres 2000 sowie den Rinke-Preis 2009 für „Der Knacks". Angebote zu regelmäßigen Sendungen als Moderator hat Willemsen wiederholt abgelehnt; er übernimmt das Moderieren nur noch in Ausnahmefällen wie bei der amnesty-Menschenrechtspreis-Verleihung, der WDR-Jazzpreis-Verleihung oder den Themenabenden und Gala-Veranstaltungen im Rahmen der lit.COLOGNE. Führt ihn sein Weg nach Frankfurt, dann logiert er immer in der Villa Orange.

Herr Willemsen: Thomas Mann, Marcel Proust und andere große Literaten ließen sich vom Flair prachtvoller Hotels inspirieren. Zu was inspirieren Sie die Hotels, in denen Sie logieren?

Zum Schnüffeln. Hat jemand Spuren hinterlassen, sind die Schubladen leer, gibt es noch Spuren vergangener Exzesse? Hotelzimmer sollen Geschichte haben. Hotelbesitzer finden zwar meist, diese Geschichte soll man nicht sehen können, aber ich mag die Spuren des Gebrauchs, der Abnutzung, sogar des „Herunterwohnens" ganz gern.

Regen Hotels Ihre Fantasie an?

In der Regel erwarte ich nicht, dass mich Hotels anregen, sondern dass sie mich meiner Fantasie überlassen. Das tun vor allem die gesichtslosen Räume, die unpersönlichen Zimmer, die Massen-Unterkünfte, die den Besucher mit nichts Persönlichem behelligen.

Welches ist das verrückteste Hotel, in dem Sie jemals übernachtet haben?

In Locarno verbrachte ich die letzte Nacht im Leben des Grand Hotels, das am nächsten Tag abgerissen wurde. Die Butter beim Frühstück hatte eine längere Lebenserwartung als die Mauern. In Borneo teilte ich mein Zimmer mit einem Orang-Utan, in Cebu auf den Philippinen legte sich nachts eine Frau in mein Bett. In Bangkok bewohnte ich wochenlang ein Stundenhotel, ohne es zu merken. In Edinburgh wollte mich der Hotelier nachts im Zimmer verprügeln. Im Kongo wurde mir verboten, aus dem Fenster zu sehen. So geht das immer weiter …

Was zeichnet das Hotel Villa Orange in Frankfurt aus?

Da ist erst einmal diese animierte, liebenswerte Belegschaft, lauter Enthusiasten auf irgendeinem Feld. Das Ambiente ist dezent künstlerisch, es gibt Bücher auf den Zimmern, und selbst gemachte Fotos an den Wänden. Man stellt den Taxifahrern Kaffee und Konfekt hin, das Frühstück ist 'ne Wolke, man wird in Ruhe gelassen, wenn man das braucht, und man wird nicht in Ruhe gelassen, wenn man genau das braucht. Ich freue mich jedes Mal, wenn wieder Buchmessen-Zeit ist und ich in der Villa Orange einkehre.

Sie haben drei Monate in Bangkok gelebt und sind mit dem Fotografen Ralf Tooten durch die Nacht gezogen; Nachtclubs, Karaoke-Bars, Massage-Salons. Sie besuchten Kickbox-Studios, Wahrsager, Nachtmärkte und Tempel, aßen bei den Insektenverkäufern, fanden einen Schlafplatz bei Elefanten. Aus Ihren Erlebnissen ist das Buch „Bangkok Noir" entstanden. Was hat denn Frankfurt bei Nacht zu bieten?

Sind Sie sehr enttäuscht, wenn ich sage: weniger? Frankfurt ist nicht eben eine buddhistische Stadt, in der Nacht ist sie sich selbst überlassen, befreit von den Finanzarbeitern. Dann gibt es die Lustversprechen in der Bahnhofsgegend, von diesen bleiben am Ende nur die Versprechen. Es gibt internationale Küche und nationale Tränken. Der Rest ist Kultur. Aber ich fürchte, ich weiß zu wenig über die Dramatik des nächtlichen Frankfurt.

Sind Sie der Meinung, dass Schriftsteller leichtfertig handeln, wenn sie Hotels zum Schauplatz bedeutender Ereignisse wählen, da sich tatsächlich während eines Hotelaufenthaltes fast nie etwas Bedeutendes ereignet?

Hotels sind ideale Schauplätze, gute Schürzungspunkte für diverse Erzählfäden, Konfrontationen der Schichten, Betrügereien, sittliche Verwahrlosung, die Ausübung diverser Laster … Ich habe schon mal eine Tote gefunden in einem Hotel und eine der glücklichsten Nächte meines Lebens verbrachte ich in einem Hotel in Dublin. Nein, Hotelgeschichten lese ich gern.

Können Sie sich vorstellen das Leben oder ein Ereignis im Hotel zum Thema eines Buches oder einer anderen Kunstform zu machen?

Natürlich. Ich verbringe gut ein Drittel meiner Nächte in Hotels, das bedeutet, ich bin sachkundig, und ein Ambiente, das so aufgeladen ist, in dem so viele Geschichten durcheinanderlaufen, so viel Geschrei und Geflüster hörbar ist, muss doch einen geistfähigen, also literaturfähigen Raum bieten. Literarisch gilt: Hotel ist leicht.

„Hotels sind ideale Schauplätze, gute Schürzungspunkte für diverse Erzählfäden, Konfrontationen der Schichten …“ *Roger Willemsen*

Villa Orange
Hebelstraße 1
60318 Frankfurt-Nordend
T 069 405840
www.villa-orange.de

Hotel Villa Oriental

(T)räume aus 1001 Nacht
im ersten orientalischen
Themenhotel Deutschlands

Villa Oriental:
ein Hauch Orient
mitten in Frankfurt

Entführung in das Serail

Kunstvolle arabische Mosaiken
und Fliesen erwarten
die Gäste in den Bädern
der Villa Oriental

OCHSENBLUTROTE FASSADE, WEISSE TÜRMCHEN, ERKER UND ORIENTALISCHE BÖGEN, BALKONE MIT SCHMIEDEEISERENEN GELÄNDERN – der Orient liegt in Frankfurt zwischen Main und Hauptbahnhof! Seit 2008 begrüßt Alexander A. Gorjinia seine Gäste in der Villa Oriental. Der 37-Jährige, dessen Expertise für den Frankfurter Immobilienmarkt schon in jungen Jahren gefragt war, ist nicht nur der Besitzer des Hauses, sondern zugleich auch Ideengeber für die Innenarchitektur und Leiter der Umbauarbeiten des fünfstöckigen Gründerzeithauses von 1899. Emir, Wesir und Kalif – diese drei Zimmertypen entführen die Gäste in ein Serail. Handgemalte Fliesen, ausgewählte Mosaikböden, marokkanische Leuchten, reich verzierte, mit Metall beschlagene arabische Holzmöbel und aufwändig gestaltete Bäder wie aus 1001 Nacht – die Villa Oriental strahlt Wärme und Liebe zum Detail aus. Aus acht Ländern hat der Frankfurter Unternehmer mit persischen Wurzeln Baumaterial, Möbel und Accessoires für das erste orientalische Themenhotel zusammengetragen. Außerdem: modernste Technik wie WLAN, sichere LAN-Verbindung in allen Zimmern sowie 1001 SAT-Fernseh- und Radiokanäle. Reverenz an die Moderne: Gorjinia ließ bei der aufwändigen Sanierung einen High-Tech-Aufzug an das historische Gebäude bauen. In der Raucher-Lounge im Stil eines Beduinenzelts können sich die Gäste zwischen Dutzenden von Leder- und Stoffkissen im Sitzen und Liegen auch bei einer Wasserpfeife entspannen.

Märchenhaft:
die prächtig wie im Orient
eingerichteten Gästezimmer

Märchen aus 1001 Nacht

Alexander A. Gorjinia ist ein Kenner der Literatur des Nahen Ostens. Am liebsten schläft er mit den Geschichten aus 1001 Nacht ein. Davon hat seine Mama Suri Sabouri aus ihrer persischen Heimat viele mitgebracht und ihrem Sohn – wie einst Scheherazade dem Sultan – von Kindesbeinen an erzählt. Heute noch gibt es in der Villa Oriental viele Geschichten zu erzählen. Von üppigem, hochwertigem, orientalischem Design, vom benachbarten, bei Kennern hochgeschätzten Restaurant, benannt nach dem persischen Philosophen, Dichter und Mystiker Hafez, von dessen Versen der Hausherr viele auswendig kann. Aber auch von wunscherfüllenden Ritualen, an die sogar Alexander A. Gorjinia glaubt und von deren Wirksamkeit er sich hin und wieder auch selbst mal überzeugt. Bei Fragen nach diesen alten Bräuchen haben seine Mutter Suri Sabouri und er immer ein offenes Ohr für Wissbegierige.

DER GLAUBE VERSETZT BERGE

Schon der reich verzierte antike Türklopfer am schweren historischen Bois-Rouge-Tor der Villa soll Glück bringen und Wünsche erfüllen. „Vorausgesetzt, man weiß, was man sich wünscht und kann den Wunsch auch konkret formulieren", so Hausherr Gorjinia. Dann schreibt man seinen Wunsch auf einen Zettel, geht zur Tür, nimmt den Klopfer in die Hand und wiederholt seinen Wunsch dreimal. Der Legende nach wird der Wunsch in Erfüllung gehen. Auch demjenigen, der schlaflos in Frankfurt ist, kann geholfen werden. „Es ist doch grauenvoll, wenn die Menschen abends mit einem Kopf voller negativer Gedanken ins Bett gehen, schlechte Gedanken wandeln sich in Albträume", so die Dame des Hauses. Deswegen kann man in der Villa Oriental alle seine negativen Gedanken durch das indische Fenster abgeben. Dazu sollte man sich zu dem wunscherfüllenden Fenster wenden – gibt's in jedem Zimmer – und mehrfach sprechen: „Liebe Tür, nimm meine Sorgen auf und hilf mir, eine gute Lösung zu finden." Danach kann man ganz entspannt in den mächtigen, von Hand mit silbernen Ornamenten beschlagene Betten unter orientalisch gewölbten Bögen einschlafen. Und wer ausgeschlafen und ausgeruht zum Frühstück erscheint, hat auch ein Lächeln auf den Lippen. Dies erfreut das Team aus der Villa Oriental besonders.

DEN ZAUBER DES ORIENTS NACH FRANKFURT AM MAIN GEBRACHT

Wie ein Märchen aus 1001 Nacht ist auch die Familiengeschichte der Gorjinias, die vor 31 Jahren nach Deutschland kamen. Mutter Suri war bis zum Sturz des letzten Herrschers auf dem Pfauenthron leitende Direktorin im Ministerium für Bauwesen, der Vater ein belesener Spross einer Druckerei-Dynastie und Inhaber des zweitgrößten Druckunternehmens im Lande. Besonders dem Mystiker Hafez, der im Leben eines Persers immer eine wichtige Rolle spielt, galten seine Studien. „Nach den Umwälzungen im Iran haben wir in Frankfurt am Main unsere neue Heimat gefunden." Denn hier machte die Familie mit ihrem kleinen Sohn, benannt nach dem großen Eroberer Alexander, halt … und blieb. Während der Sohn mit Vehemenz seine schulische und betriebswirtschaftliche Ausbildung vorantrieb, um die Grundlage zu einer erfolgreichen Laufbahn im Immobilienbereich zu legen, eröffnete die Familie ein persisches Spitzenrestaurant und benannte es selbstredend nach dem Mystiker Hafez. 21 Jahre sind seither vergangen, das „Hafez" ist zu einem Treffpunkt für Menschen mit orientalischen Wurzeln aus aller Welt und für Feinschmecker mit Freude an der Vielfalt der persischen Küche geworden. Und die Chefin Suri Sabouri avancierte zur Botschafterin der persischen Küche und Esskultur; als solche ist sie seit Langem weit über die Grenzen Deutschlands hinaus bekannt. Ihr einziger Sohn, Alexander, darf also mächtig stolz sein auf seine engagierte und attraktive Mama.

FRANKFURTER MIT PERSISCHEN WURZELN

Heute erfüllt es Alexander A. Gorjinia, der als Kind aus einem fremden Land kam, mit Stolz und Demut, ein Frankfurter geworden zu sein. Er, der zwei Mentalitäten in sich vereint und sich somit als „preußischer Perser" sieht, fühlt sich dieser Stadt, die ihn und seine Familie mit offenen Armen aufgenommen hat, für immer verbunden und hofft, nach allem, was er empfangen durfte, der Mainmetropole noch viel zurückgeben zu dürfen.

Villa Oriental
Baseler Straße 21
60329 Frankfurt-Bahnhofsviertel
T 069 2710895-0
www.villa-oriental.com

„Nach der Revolution konnten wir in diesem Land nicht mehr leben."
Suri Sabouri,
Botschafterin der persischen Küche und Lebensart

Vier Freunde

Einmal anders leben: Für die **Fotografin Angelika Zinzow** ist es ein Abstecher in eine andere Welt, wenn sie in einem Hotel übernachtet. Am liebsten in Räumen, die eine spannende Geschichte erzählen und durch Atmosphäre inspirieren. Wer schläft hinter der nächsten Zimmertür? Sind die beiden an der Rezeption verheiratet? Welcher Prominente ist hier bereits abgestiegen? Von Beruf an den Irrungen und Wirrungen des Lebens interessiert, sind es die Menschen im Hotel und ihre Geschichte(n), die die **Journalistin Ingrid Schick** faszinieren. Für den **Art Director Michael Hazkiahu** ist es wichtig, in einen Hotel anzukommen und positiv überrascht zu werden. Wenn die Räume durch Design, Atmosphäre oder die Historie zu ihm sprechen, dann kommt er gern immer wieder.

Thorben Leo

*18.09.1971 †19.04.2008

Für Thorben

FRANKFURT WAR DEINE GROSSE LIEBE. Als Stadt. Als Gesamtkunstwerk. Du hast Dich in die Stadt hineingekniet, Du hast sie bei Tag und in der Nacht allein und mit Freunden durchmessen. Immer waren es die Menschen, die Dich fasziniert haben. Solche, die wirkliche Geschichte(n) erlebt haben und erzählen konnten. Deine Reportagen und Bücher spiegelten aber immer auch Dich – abenteuerlustig, immer auf der Suche nach einem neuen journalistischen Kick, mit großer Freude am Erzählen; am liebsten von Storys, die das Leben auf die abenteuerlichste und allerbeste Weise schreibt. In den vergangenen Jahren war Deine Freundin und Kollegin, die Frankfurter Fotografin Angelika Zinzow, meist an Deiner Seite. **„Tausend tolle Sachen"**, ein Buch über Menschen und deren ganz eigenwillige Verbindungen zu einem Hotel war Euer letztes gemeinsames Werk. Mit **„Bargeflüster"** und **„Caféklatsch"** hatten Angelika und Du bereits zuvor prächtige und wegweisende Bild- und Reportagebände vorgelegt, die die Frankfurter Szene detailverliebt, immer aber auch mit einem Augenzwinkern abholten. Du hattest noch so viel vor, warst voller neuer Geschichten. Ein Buch über Hotels war angedacht. Eines über Israel. Nach einer Zeit der tiefen Trauer haben Angelika und ich uns entschlossen, das Frankfurter Hotelbuch in Deinem Sinne zu recherchieren, zu schreiben und zu fotografieren. Danke, dass Du unser Freund warst! In Gedanken wirst Du immer bei uns sein.

IMPRESSUM

1. Auflage
Texte: Ingrid Schick, www.ingrid-schick.de
Fotografien: Angelika Zinzow, www.angelikazinzow.de
Art-Direktion: Michael Hazkiahu, www.hazki.de

Lektorat: Sabine Büsgen, www.lektorat-buesgen.de
Bildbearbeitung: Martin Repplinger, www.martinrepplinger.de
Reinzeichnung: Petra Legandt, www.ein-satz.eu

Konzept:
Angelika Zinzow, Ingrid Schick

Druck:
NINO Druck GmbH
Im Altenschemel 21
67435 Neustadt / Weinstraße
www.ninodruck.de

Herzlichen Dank
möchten wir allen sagen, die uns bei der Produktion unterstützt haben, besonders Wolf & Motoori GmbH
sowie Rabea Huwe, Axel Braun und den Titelmodels Carina Rohrbach und Max Zimmermann.

CoCon Verlag
In den Türkischen Gärten 13
63450 Hanau
Deutschland
Telefon 06181 177 00, Telefax 06181 181 333
www.cocon-verlag.de, kontakt@cocon-verlag.de

ISBN 978 3 937774-49-7